第八封信．The Eighth Letter

面對未來的勇氣

「成為一個堅韌的人，遇到好事壞事，都能仍然是你。」

曾經在懷孕期間，日日勤奮寫筆記本；孩子出生後，各大重要成長階段，在臉書上寫信給她，寫下來是為了整理思緒也為了記錄，再回頭翻看，發現自己常提到幾個關鍵字：勇氣、理解、溫柔。這些特質並非對於孩子個性上的想像，而是對人事和世界的態度，我深切缺乏和期待她擁有的。

這次專題，我從受訪者身上看見近似的想法和行動，但他們面對的不只是自己的孩子，是別人家的孩子、是部落的孩子、是社區的孩子，也是整個社會的孩子。因為如此，其影響擴及生活所在地，形成多股強韌的力量，交織成網接住孩子們。

如果每一個人，在孩子時期能這樣被對待過，我們會不會成為一個堅韌有彈性的人，足以面對人生往後每次的墜落、和世界社會的劇烈變動？我想，是值得一試的華麗實驗。

主編　董淨瑋

Stay at home

in 台北士林

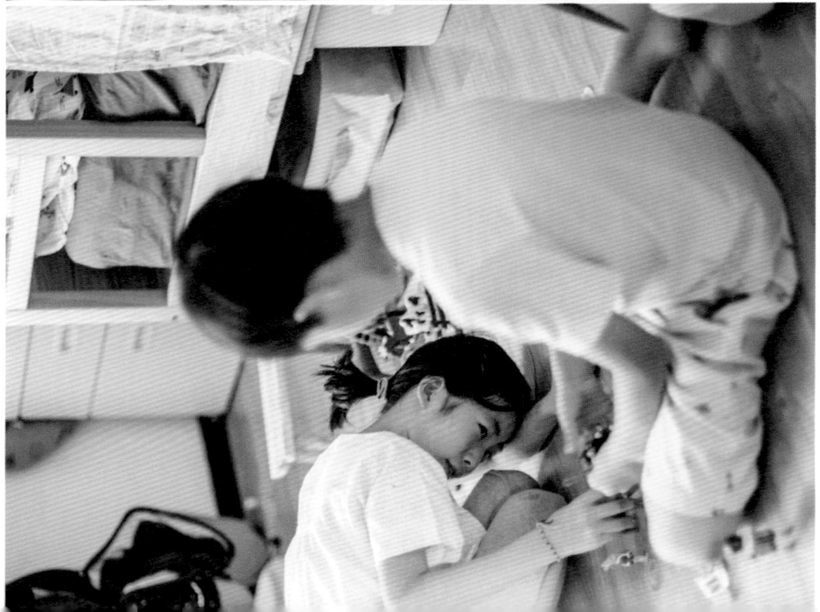

時刻 MOMENT

因為疫情而必須宅在家的這段日子，為了讓大人、小孩不無聊，我們找了各種事情來做。

除了日常的三餐料理和家事掃除，也大幅進行家中物品的斷捨離、將家具植栽換位置、重刷牆面油漆、把堆積許多雜物的陽台大肆整頓一番……先生則多出時間鑽研金繼，他將家中缺角的陶食器們一一修補，也承接朋友們寄來的幾個待修補器皿案件。小孩改成線上上課後，則是多了學習烹飪以及在家大玩特玩的時間，因為網購而得到的瓦楞紙箱們，是最好的創作材料。

這樣的生活已過了50天，看似停擺且打亂一切的這段時日，再回頭看，想必也像是一場奇幻之旅吧！

盛琳
bibieveryday主理人，在與小男孩和小女孩的日日生活中持續修煉著。

Evan lin
攝影師、策展人、兩個孩子的爸爸，穿梭在工作與生活中的多重身分。

願望的本質

in 金門金湖

小時候我曾訂下這輩子一定要實現的十個願望，現在還記得的有三個：體驗飛行傘、爬玉山、搭飛機到台灣所有外島。25年轉眼過去，小時候很大的願望，現在不再遙不可及，印象最深的是三年前獨自坐飛機去金門。

坑道、洋樓、閩南聚落……等建築都被完整保留的金門，風情和本島很不同，在那裡我像置身一本巨大的歷史書；在鎮與鎮之間來去，常有不知名的風景吸引我。林道樹蔭下遇見一群牛兒，自由走在

馬路上，輕盈優雅；回到鎮上，繞過幾個彎，一個無人海灘就出現在眼前，我停下車散步，最後索性在防風樹林下睡午覺。

在金門旅行很愜意，沒有完成願望的快感，反而疑惑當初訂下這個願望的原因，10歲的自己在想什麼呢？

也許，我想要像鳥一樣在天空自在飛翔，想登得更高看世界，想遠行卻又害怕離開。也許願望的本質，從來都不是內容，而是當下對未來做了某種宣示，那是10歲、渴望自由的我，許下的願。

場景 SCENES

林靜怡
宜蘭頭城人，現居花蓮壽豐，住在被山林擁抱和溪流洗滌的地方，與四隻狗二隻貓一起生活，創立「大樹影像」是希望能為被攝者留下些什麼，並讓世界溫暖一點。

鬼月孤棚

in 屏東恆春

小時候對於鬼月的想像，就是有一扇不知道哪裡會打開的門，陸續跑出日本漫畫裡紅紅綠綠的大鬼小鬼，開始在深夜裡遊蕩鬧事、欺負小孩。但現實生活裡，我只想抱怨老師為什麼總要把鬼月放在暑假裡，害得我們小朋友明明放假，卻都不能去溪邊海邊玩，晚上吹口哨還會換來一個清脆的耳光；那個時空背景裡的綜藝節目，時不時還有「鬼話連篇」，不然就是司馬中原的「恐怖喃」來灌輸我們鬼月別亂跑，才發現兒時的農曆7月就好比現在的居家防疫，哪都別去，家最安全。

等到2010年搬到恆春才知道，鬼月其實也是台灣熱鬧的傳統慶典之一，因為搶孤比賽就分別在恆春與頭城盛大舉辦。第一次觀賽就點燃了內心小宇宙，除了得名有高額獎金之外，我更好奇這項習俗活動裡的一切傳說與禁忌……完全顛覆小時候對於鬼月的總總印象。

原來會有一群臉上蓋著「英雄」一章的人，每年都來和好兄弟比拼競賽；原來鬼門開，走出來的是更多更多的人群，在那之後我在無意中展露了對這項活動的熱情，幾年後的2013年，有幸受邀加入一支恆春在地人所組成的搶孤團隊。我與一桌不熟識的在地前輩們，台啤佐檳榔討論著訓練與經驗傳承，酒精加上熱血沸騰的我們，有股說不出來的興奮圍繞著那個夜晚。

2013年8月21日，恆春國際暨孤棚比賽正式開始，當時碰巧遇上「潭美」颱風過境台灣，但主辦單位仍宣佈照常舉辦，也從前輩

建築 BUILDING

口中得知搶孤之時必有風雨，我們當然要以熱血蒸散一切狂風暴雨。

隨著炮響與棚外的呼喊加油聲，我已是牛油與沙土布滿全身，無法分辨是汗是雨，36支柱子撐起約莫五層樓高的豎孤棚，我們是32組人界隊伍的其中之一，中間4支是好兄弟專屬。保力達一口一口的下，金紙是沒停過的撒，當身處於高張力的孤棚下，才真正體會這股傳統信仰的強大能量。比賽伴隨著風雨過了三個多小時，當中有人不慎摔傷送往醫院，有的放棄蹲坐在棚底，也有仍堅持努力的隊伍繼續前進，這一晚在孤棚底發生的所有故事，一直留在心裡某處。

當時跟著這個團隊、連續爬了三屆恆春豎孤棚，我的位置一直是由下往上疊的第四位，高度已經來到5.5公尺左右，也就是抱著棚柱站在二樓，第五位則是最後的攻旗手，但在第三次的比賽過程中我不慎摔落，陷入短暫昏迷，並且還撞斷後排的臼齒。因此之後的這些年，我就沒再踏進到孤棚底了。但只要每年鬼門開，我依舊會與朋友們相約在人擠人的現場，為各位「孤棚英雄」加油吶喊。

（2013年第三名，2014年第六名，2015年攻頂失利，特此記錄）

邱家驊

躲在恆春十餘年的影像人，拿著釣竿就住海邊，不時也爬進山裡砍柴玩石頭。攝影是工作更是生活，快門之前是積累的日常感受，快門之後將消化成未知的養分，回饋給自己。

建築

BUILDING

我真的很感謝這些失去

in 高雄前鎮

Ruby本名丁芯瑜，曾任報社編輯，後來到倫敦就讀藝術科系，返國後回到高雄開始一連串以料理為核心的藝術計畫，開了兩家餐廳也擔任過大學講師教授策展，「很純粹、很自由，很多有趣的事情讓我不斷投入。」

以往總是能在高雄大小藝文場合遇見她，但過去一年，我們鮮少碰面，她的生活動態也變得居家內斂。「我現在都要學會放下。」去年剛收掉兩家餐廳，最近推掉許多

合作邀約，她說起回家接班的人生轉折。

Ruby家是專業清潔消毒的小型公司，由父母與兩個老員工撐起一切，但這卻不是父母第一次創業。他們曾從事服飾批發中盤，卻因被人惡性倒帳、積欠千萬債務，收掉公司、一家人也搬家，從高雄火車站來到前鎮落腳。恰好當時父親的弟弟在台北開起清潔公司，父母便跟著加盟，被迫中年轉職。

公司營運逐步上了軌道，但工作內容卻極為辛苦。為了配合店家的營業時間，往往都在凌晨作業，更常因人手不足、得要全家出動，那些刷洗麥當勞各分店牆壁與窗戶的時刻，都是Ruby與弟弟難忘的青春記憶。父母慢慢打拚，25年過去，不僅還清債務，甚至有能力買下現在的房子，「我是真的很佩服他們的，很感激那樣的存在。」Ruby的弟弟說道。

但也因為辛苦，父親兩三年前便說要關掉公司退休，「但我們還是會不捨，畢竟因為有父母親努力維持的這個事業，我們才有機會享受過去這一切。」在繼續開餐廳與回家接班之間猶豫著的他們，被疫情推了一把，決定收掉餐廳、回家幫忙。

從料理界轉職到清潔業，還習慣嗎？「大家都覺得清潔應該很辛苦，但其實待廚房也很辛苦啊！」姊弟倆異口同聲地說，倆人從料理工作室、餐廳到現在回家一路共事，一內一外、互相提醒也扶持，也一起面對回家接班的各種摩擦與挑戰。

「你來看這個，很亂吧，但我已經清掉很多了！」她指著辦公室略顯雜亂的角落，還有旁邊空空的一片白牆——那是他們與父親溝通許久的第一個成果，撤掉公司牆上的行事曆白板，慢慢地將各種工作排程放到Google線上行事曆。

花了一年慢慢跟父母溝通，公司開始有所改變，Ruby自己也才有了踏實感，並真的開始投入其中。「現在什麼都會以公司為第一順位，不能把公司放著不管啊！」而這些放下與投入，也帶來更多正面滋養。「因為公司就在爸媽家旁邊，我們會一起吃午晚餐，中間空檔也會回去休息。」家人相處的時間變長，彼此之間更為敞開與接納，關心也更直接且即時傳達。

Ruby坦言剛開始自己也有許多掙扎與不捨，畢竟過去都是做自己喜歡的事情，「都是美好、開創性、有趣的」，但選擇放下一切，收掉餐廳、推掉邀約，專心投入在

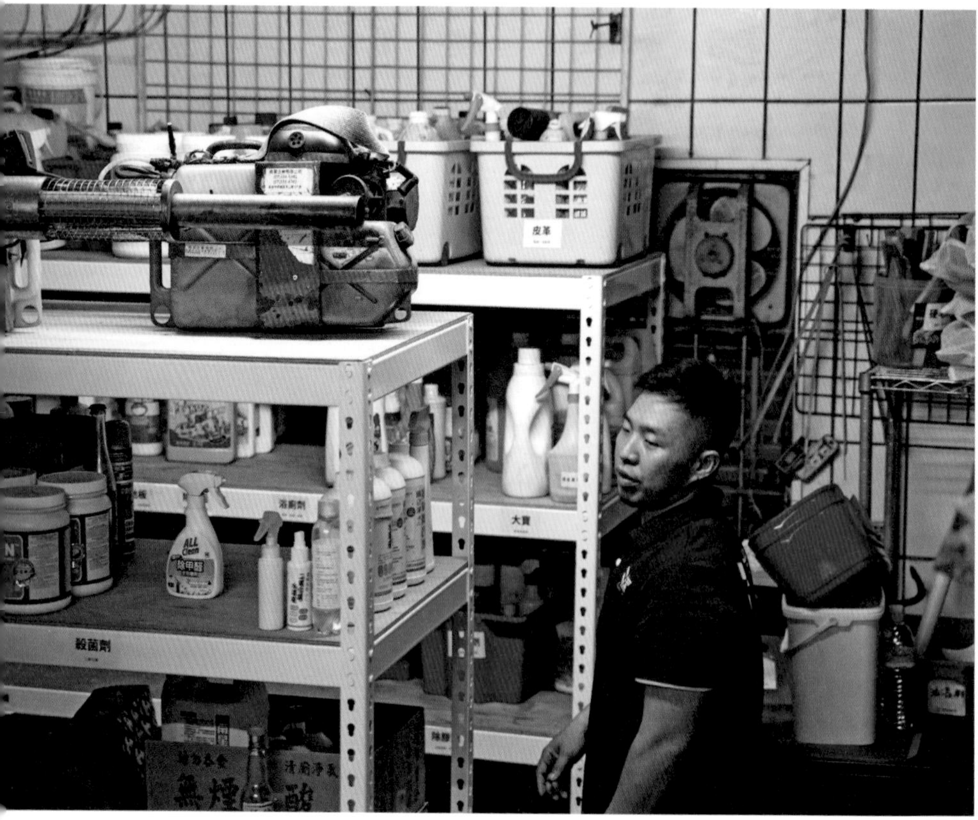

人
PERSON

這個過去支撐也餵養著他們成長的事業，「我深深地發現，我真的很感謝這些失去。」

選擇放下，不代表捨棄過去，Ruby帶著新的體悟與過去的累積，慢慢在新的事業裡找到想去的方向——她想繼續把美好、有趣，與開創性帶入當中，讓設計成為專業清潔的可能性。

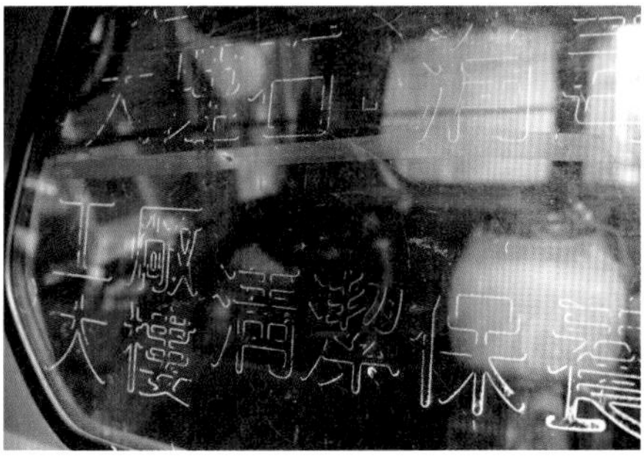

邱承漢
高雄人，喜歡拍照也喜歡寫字，更喜歡真誠的人，育有一狗兩貓。2011年將外婆起家厝改建為叁捌地方生活，用幽默感及設計參與社區，過著返鄉但持續流浪的生活。

目

Contents

次

野孩基地

Feature 特輯

Sight 觀看的視線

Another Life 另一種可能

Inside of Place 走進地方

Grow From Land 和土脈脈

Connection Online 國際連線

野孩基地

Child’s Local Base

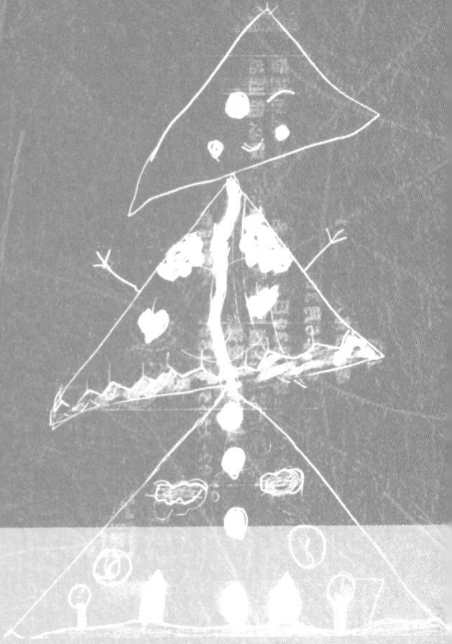

下課後，仍不想離開的地方；無聊時，不自覺想前往的地方，哪裡是孩子結伴同行、大手大腳的奔跑、爬樹和探險的基地呢？

具有照顧、玩樂和學習功能的基地，散落在鄉間村落、在城鎮社區裡，不管是在地住民自組或由移居者發起，都能讓發起者和參與者從互動過程中，找到和深化所在地的文化脈絡，成為新一代的真正在地者。

他們循著地方文化的田野，建造最具野力、未被馴化的孩子基地，小手拉大手，一起長出自己的地方歸屬感。

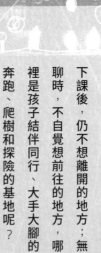

和地方 對話 對看

走入地方

自己建立一條探索的路徑

文字—曾怡陵
圖片提供—陳冠彰、盧駿逸

陳冠彰

台南藝術大學藝術創作理論研究所博士班博士候選人，「I-hing 藝馨人文學堂」創辦人。為文化研究者、教育工作者、舌頭主義者，喜歡以味覺探觸在地文化。帶孩子以身體參與地方，擴充認識世界的方式和管道。

盧駿逸

大學唸機械系，因為不想去科學園區賣肝，輾轉進入人文科學的領域。「光合人文教育工作室」創辦人，在與孩子共學地方文化、走踏的過程中與在地經驗碰撞，建構實踐式的自我認同和知識體系。

我們對地方的認識能否跳脫套裝知識的餵養？唯有走入地方，與真實的地方氣味交流碰撞，才有重建的可能。

長期推動地方文化的教育工作者盧駿逸和陳冠彰，分享他們如何透過故事開展路徑，讓孩子以走路為起點，用身體的實踐來體會、連結地方的過去和現在，透過不同視角間的游移，形塑寬廣多元的觀點，也長出對地方的認同。

——能否請兩位先談談，如何思考「地方文化」這件事？

為什麼我們要認識地方文化？或者，為什麼我想談地方文化？我們對地方的認識往往是知識建構出來的，不是源於自己的親身經驗。譬如我們對於植物的認識，可能是透過植物學家的研究而來。你認識的知識其實不是自己認識，而是別人幫你認識的。

從教育的角度出發的話，就像剛剛冠彰說的，我們很多知識是從套裝的知識出發，這些知識對孩子來說，其實都跟真正的世界和經驗有斷裂的狀態。要怎麼讓小孩去了解這些事情？我覺得要從孩子的經驗出發，然後一點一點去開展。

我講個小故事，我讀台南藝術大學碩士班的時候認識西拉雅的尪姨，就是巫師。他們有一個重要的信仰象徵植物是澤蘭。我想在我的學堂種，可是種不活。尪姨就問我，是用什麼樣的姿勢種的？他說我對澤蘭不敬，因為在西拉雅信奉的是女性神靈，澤蘭是祭儀時的神聖物件。我是男生，我把大腿張開種植，等於是把下體面對植物。透過這件事情，我重新理解到原來植物是有情緒的，植物怎麼表達生氣？就是枯萎給你看。其實每個地方的人都有他們跟世界建立關係或詮釋世界的方式，我認為那是很重要的地方文化。

——這些思考脈絡，與各自的生命經驗有何關聯？

我出生地在台北，念幼稚園的時候全家搬到新竹湖口工業區（現改稱新竹工業區）。60、70年代，湖口工業區就像現在的新竹科學園區，是個造鎮。我父母跟原來生活的地方斷裂之後，我當然也沒有繼承到任何東西，鄰里

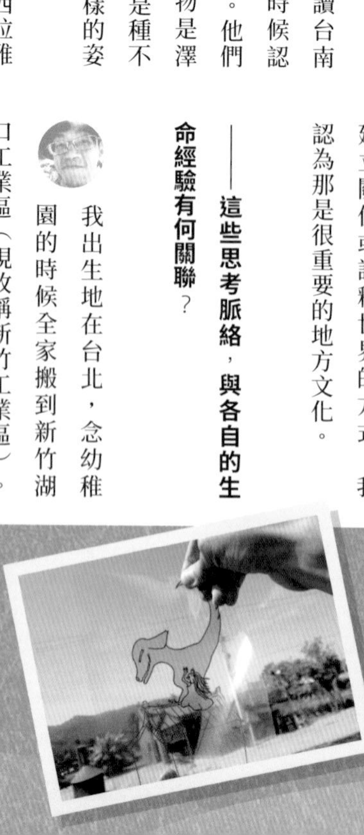

都是新移民，沒人知道當地曾發生什麼事情。加上當時學校沒有鄉土教育，所以我其實沒有多少對地方的認同感。黨國教育對我的洗腦非常成功，我直到30幾歲都還覺得我自己是堂堂正正的中國人。

之後我開始接觸一些社會議題跟在地史料，對地方的認知開始有一個很大的破壞。我覺得以前知道的事情是很奇怪的，之後在做教育的過程中，我跟孩子們一起重建對地方的認同。

我大概是讀南藝大研究所後才把關注的視野往外延伸開拓。學校周圍是西拉雅族的領域，但我一無所知。有一次跟西拉雅族的尪姨經過有應公廟，他跟我說那裡面有328個無主孤魂。

對他來講，那有點像是遊魂的集合式住宅，他對世界的描述跟我完全不同。

我也曾跟著垃圾車司機進行收垃圾之旅，發現我們看待地方的方式有很大的差異。譬如他們對路徑的描述不是路名，而是「李村長他家」、「剪頭髮他家」。

聊到中秋節我覺得開心，但對他們來講是困擾的，因為垃圾量倍增。這些經驗都為我帶來重新看待世界的方式。

——認為「地方文化」在孩子的知識和生活層面中，是必要的嗎？

一個人怎麼認識自己？怎麼定位自己跟世界的關係？這是組成一個人的重要成分。

我的成長經驗很缺乏這部分，特別是在接觸原住民朋友後，很羨慕他們清楚自己的根源。在這種情況下我會覺得很沒有信心，需要很多東西去填塞，彌補不知道自己是誰、從哪裡來的那一種稀薄的感覺。

我讀過《依海之人》，提到斐索（Vezo）人對族群的認同不以出生地判定。若外來的

你認識的知識其實不是自己認識，而是別人幫你認識的。

人去住一陣子，也會吃魚、在海上進行一些活動的話，就會被認定是斐索人。我覺得我們在當代對身分的認同應該是複雜而彈性的，我的身分認同更大部分來自於實踐式的認同。

我不是極度的地方主義信仰者。我希望擴充我和孩子對地方認識的方式跟管道，讓我們可以跟不同的個體進行對話跟對看。透過自己建立的「路徑」去探索跟了解地方，可以幫助孩子建立多元思考的方法，我認為比認同自己是某地的人更重要。

這點我跟冠彰可能不太一樣，我會期待孩子對自己長大的地方有認同，但這個認同究竟是怎麼樣的一個範圍？從我開始認識地方後，認同的範圍就不限新竹，而是台灣的各個地方。我透過理解土地的歷史建構了認同，也期待孩子能夠如此，我覺得這是自信心的來源之一。可能是因為我自己的缺乏，所以我特別重視。

我再把我剛剛講的講清楚一些，我認為認同是疊加出來的，跟駿逸的態度很像。它是複數形的認同，不是單一地方的認同。我是嘉義人有對於嘉義的認同，而因為我長年在西拉雅部落做田野調查，因此我的婚禮是由尪姨在部落祭典當天舉行，我也覺得自己是部落的一份子。

——**如何讓地方文化融入教學現場，及認為最理想的認識地方課程，應具備哪些元素**？

我非常認同冠彰說的實踐式的認同建構。我這幾年有個行動的方向，希望合作的孩子或自學家庭可以發展自己的學習模式。

如果對象是孩子，會從他們的主體經驗出發來設計課程，例如讓孩子畫他們視角的城市地圖，可能會發現他們覺得好玩的地點跟大人的完全不一樣。若跟自學家庭的大人合作，我傾向推動他們建立自己認識地方的方法，最快的方式是寫一個很簡單的故事，然後講給孩子聽。過程中會顯現出個人的主體經驗跟視角，比方有人在意農業，有的人喜歡戲曲，產出的不同故事會再跟在地經驗碰撞，孩子在過程中可以得到巨大的能量。

若親子關係不錯，一起參與課程會滿好的，課程設計比較有層次；大人和孩子有各自可以做的事，也有一起做的事。回去後可預期會有一些延伸和開展，有許多大人就像我一樣重新建構對自身和地方的認同。

我也覺得這幾年比較成功的教學往往有家長的參與。我曾帶六組親子到中藥店，發現孩子有興趣的是噁心的中藥。例如夜明砂就是蝙蝠的糞便。中藥店老闆也覺得有趣，原來孩子關心這些，家長也可以觀察孩子的互動和回應。

由於我自己在做族群的文化研究，也希望帶孩子參與地方的文化活動，比如西拉雅夜祭或北港迎媽祖看藝閣。若把家長也視為是課程的

一個人怎麼認識自己？

怎麼定位自己跟世界的

互動主題，能夠形塑好的課程。課程結束不是真的結束，後續親子間會有更多對話。

我認為理想課程的元素第一是「人」，參與課程的人；第二個元素是「境」，概念源自「繞境」，指一個區域範圍裡生活的人擁有的共同文化、信仰、認同等交織成的生活空間與生活方式；第三個元素我浪漫一點把它叫做「神」，是精神性的，跨越歷史、時間的限制，可以把久遠年代發生的人事召喚到當下的情境，透過故事述說，讓孩子如臨現場。

我覺得第一個元素是「現場」，就是你要到哪裡去？第二是怎麼到達現場？就是「路徑」，要試著避開自己既有的認識，走進實際或敘事上的陌生路徑。第三是「事件」。「動腳動手」課程有時走路，有時動手，可能到某個地方跟著某戶人家學做童玩、找果農摘柳丁或參與祭典的準備。現場會有人，孩子可以延伸問很多問題，新的東西不斷地跑出來，課程就不會乾枯。

——請冠彰老師談談如何為孩子設計連成人都未必熟悉的「區域地理學」？

我會帶孩子出門的課程有兩種，「區域地理學」和「動腳動手」，兩者性質只差在前者以嘉義為主，時間是一個下午；後者會到外縣市，時間是一天。

剛開始我會很用力地整理路徑跟故事，但越做越彈性，到後來我進展到直接跟孩子講起點和終點，中間隨便他們走。要讓孩子從一個陌生的起點走到陌生的終點，這中間需要陪伴跟練習。不過有很大一部分不是在談路徑，而是孩子間如何協商。例如規畫路徑時，由誰決定什麼時候休息？我自己的角色會越退越後面，就是一個講故事並確保他們安全的人。

我往往會帶孩子走一條沒有預設的路徑。孩子可以隨意走進店裡問一些問題，參與活動，甚至一些路徑會穿越水稻田、果園，這些奇怪的路徑多半會讓他們覺得有趣。

我事先都會準備故事，我比較如何讓孩子的觀看視角在故事

試著避開自己既有的認識，
走進實際或敘事上的陌生路徑。

移動。有時透過我的敘事，他們的視角是五千年前的海洋、一棵樹或是石頭公。我讓孩子透過時空以及角色的轉變，幫助他們重新思考什麼是地方，以及地方如何被組成。

——請駿逸老師談談「地景走讀故事」Podcast的企劃緣由以及進行方式。

我們有地景走讀的實體活動，Podcast也是一直想推動的項目，最近因為疫情的關係啟動，讓家長可以在家帶孩子學習。我把過去蒐集到的地方歷史文本資料分享給朋友，由他整理、錄製故事。

地景走讀活動的緣起是我理想中的教育想像，要從自身經驗出發，自然會碰觸到在地的人跟文化。一開始沒有設計教學，我設定很少人會走的路徑，路上會有各種突發事情。後來我同事士哲做了「走新竹」的活動，開始帶入地方文化的觀點。因為我最有感覺的還是人的故事，所以在後來的走讀裡設定人、境和神的元素。讓孩子在歷史的空間裡透過故事了解歷史事件，產生臨場感，會激發在教室裡沒有的感受。

透過設計讓虛擬跟現實互動，孩子甚至可以對故事裡虛擬的部分做出行動或判斷。比方我們曾設計一個實境遊戲，過往戰爭死亡的主角現身跟孩子說明處境，孩子試著了解事情的全貌後發現其實沒有單純的解答。遇到一樣的處境，可能會有一樣的選擇，那我們要怎麼面對這樣的過去？這是我在教育現場想跟孩子一起探索的。

課程有兩條路線，一條路線比較精緻化、遊戲化，但我一直想要保有另一條沒有設計的路線，敞開迎接隨機的事件。其實我們已經這樣做了，工作室跟自學的孩子每個月會走一段大概10～15天的路程，過程中會發生非預期的趣事。

——請分享在這些課程中，孩子的參與度、反應和故事。

有一次我們到一座三太子廟，孩子問我可不可以拿三太子的尪仔標，我建議擲筊問

三太子，並說明什麼是擲筊。第一個孩子擲筊了，三太子回覆不給。其他三個孩子也擲了筊，三太子都答應，第一個孩子就哭了，當下我真的不知道該怎麼辦。我個人覺得這跟機率有關，也轉頭跟第一個孩子說三太子不願意給一張，可能是要給你更多張。第一個孩子擲筊問是否要給兩張，三太子仍表示不願意，直到問到五張，三太子終於應允。我默默感謝三太子幫我解決孩子哭泣的狀況。現在講起來有點像笑話，但我想說的是，與其跟孩子談信仰、禁忌、三太子，還不如順著突發事件讓他參與其中，會更有趣。

事先的教學準備是為了避免沒有任何事情發生，但意外發生的事往往強大而且關鍵，我會覺得比原本準備的教學更重要。

有一次我們在廟裡講了空襲的故事，然後廟方就把一位有參與過空襲的阿公拉出來。孩子黏著他問東問西，他就附加講了個故事，他說當時全村只有一個日本警察，只要認定某人犯錯，就往對方嘴裡灌石油。孩子聽了非常震驚，從這個阿公親口說出的事件強烈地建立他們對日本時代警察的印象。這些經驗是沒辦法安排的，我們出門就是期待這些事情。

——最後，請兩位各自分享與地方文化、或孩子互動的三本推薦書籍。

第一本是吳明益老師的《家離水邊那麼近》，細緻地透過各種方法及感官談論他沿著河流、湖泊行走時的觀察。這種親臨現場，把地方寫成好看故事的書寫，是我在帶孩子的課程裡很常練習的方式。

第二本書，不好意思我比較貪心，把兩本視為一本。《故道：以足為度的旅程》和《路：行跡的探索》很宏偉地去談路徑，從行走於腳下的土壤，談到化石、礫石、過往的

這些經驗是沒辦法安排的，我們出門就是期待這些事情。

族群等。我認為地方教育最重要的，是找出說故事或是進入到歷史的路徑。

第三本我推薦《獵人帶路：曾文溪溯源影像誌》，這是龔卓軍老師團隊為了2022Mattauw大地藝術季以曾文溪為主體展開的研究。我們發現鄒族的地名象徵著族人過往跟自然環境互動的記憶，例如：「有很多老鼠的地方」、「曾有瘟疫的地方」等，我們透過獵人帶路重新認識這些地方的故事。

冠彰那邊講了很多報導式、非虛構的文學，我比較想推薦小說，為一些沒那麼有趣的事開啟新的可能性。第一本我想推薦的是村上春樹的《東京奇譚集》，他把生活裡微小不協調的東西放大並形成有趣的架構。我們走進一個地方後怎麼拆解尋常的事情，得到不尋常的想法？這本書可以帶來啟發。

第二本是梨木香步的《家守綺譚》，作者把生活中接觸的植物都變成對話的對象。就像冠彰說的澤蘭，你怎麼去理解周遭的植物？這本書帶我們看見不同的視角。

第三本書是漆原友紀的《水域》，談一個被迫拆遷的村落。故事結合神話、民間信仰及集體夢境等元素，讓後代繼承過往的歷史與記憶。示範了如何藉由一個引人入勝的故事，讓後代了解地方的歷史。

生活基地

插畫──吳怡欣

學習不只是認知的成長，
有更多的能力和觀察是在聊天之中，
聽見老人家口中說出一個價值、一個想法。
透過連結人與人之間的關係，
在生活中重新學習。

屏東平原接近中央山脈南段、隘寮溪出口交界地帶的縣道屏37線上，坐落著一個名叫美園（Laladhengane）的魯凱族部落。

走進社區裡，經常可以看見幾個在地的婦女老師帶著一群孩子，在巷道中穿梭、和街坊鄰居打招呼、分享最近部落裡的大小事；在農田上勞動，或在泥土、石堆間與樹下玩樂；在活動中心和文化健康站的老人家們一起活動；參與部落的慶典、節日之中；甚至在部落族人結婚或過世的場合，都能看見這群小小的身影。他們是「美園社區互助教保服務中心」（以下簡稱美園教保中心）的孩子們。

生活基地

在生活中學習，成為一個部落的人

文字—金天立　攝影—陳建豪

從私人幼兒園，到部落的共同資產

美園教保中心的起點，要從部落裡人稱「馬老師」的Sene”d”he（馬秀辛）說起。1995年，離開故鄉多年，在都市從事幼教工作的馬秀辛，和先生決定舉家回到美園部落定居，並在此開設幼兒園，繼續她所熟悉與喜愛的事業。「一開始，我想把高雄最好的教材帶回去，教給部落的孩子們。」懷著熱情返鄉的馬秀辛，卻在教學過程中，發現孩子們眼神裡的呆滯，這讓她意識到，都市的教材和部落孩子們的生活經驗和環境是脫節的，「教材裡的蘋果、飛機、紅綠燈，都不是他們生活裡會出現的東西，同樣是教數的概念，如果把蘋果變成地瓜，孩子就會有反應，因為這是他熟悉的東西。」

回到部落，也漸漸回憶起自己從小在部落成長的經驗，馬秀辛開設的幼兒園，將魯凱族的文化、語言及歌謠帶入課程之中，並結合了部落共同的信仰，形成不同於一般坊間幼兒園、在地的教學模式。然而，最大難題還不在孩子的照顧和教學如何進行，而是在政府的法規。

由於部落裡找不到符合「幼兒教育及照顧法」中規範的建築，馬秀辛的幼兒園幾度被取締，都是因為部落人們集體協力搬遷才得以度過難關，後來部落決議將活動中心的場地提供出來作為幼兒園使用，卻仍然難以通過法規。就這樣度過了被迫在自己的部落裡不斷地搬遷，始終堅持著照顧部落孩子們的十多年。

直到後來遇見其他部落的夥伴，馬秀辛才了解，這樣的問題並不只發生在美園，問題是法規讓全台灣的偏鄉部落無法合法地照顧自己的孩子。因此，部落之間串連組成「部落互助托育行動聯盟」，用

底層集體的力量促使國家改變政策及法規，最後在「幼兒教育及照顧法」修法的過程中，納入了偏鄉、離島及原住民得以採用因地制宜的互助照顧方式，美園社區互助教保服務中心終於在2013年合法設立。

經歷漫長而艱辛的歷程，馬秀辛深深體會這一個部落裡的照顧園地，不只是她個人打造出來的，而是族人們互相幫助、共同努力的結果。也因此，她將這個原本私人經營的幼兒園移交給美園社區發展協會。「文化和互助，本來就存在這裡的，並不是我發明的。我不會離開部落，離開了美園，我什麼都不是。這個教保中心也不是馬老師一個人的，它是屬於部落共有的。」

人與人之間的關係，才是最大的學習

三級警戒疫情壟罩下的7月盛夏，全國的學校和幼兒園都還在停課之中，不到早上8點，美園教保中心的老師和小朋友們，已陸續來到田裡，準備開始這一天的遊戲與學習。

「我們有42個孩子，雖然現在不能群聚，但其實並不是每個家庭都有能力在家裡好好照顧孩子。比如前陣子是芒果季，有的家庭父母要外出工作，無法上學待在家裡的孩子就交給umu（阿公）、kaingu（阿嬤）照顧，但芒果的採收期一年就是在這段時間，過了就沒了，原本要去收芒果的老人家為了在家照顧孩子而無法到田裡，是很大的損失。這時候，如果我們可以接手照顧，他們真的非常感激。因為我們有去調查部落家庭的照顧需求，所以我們會在防疫的規範下分流照顧有需要的孩子，去回應這些需求。」馬秀辛說。

除了孩子，年輕的老師也在這裡跟著部落、土地的節奏一起學習。來自外村的Thawlalui（古紹叡）老師說：「美園教保中心的孩子很幸福，可以無憂無慮地在田裡玩，在他們的生活中接觸文化和大自然，現在叫我們部落的孩子去田裡，他們可能會抗拒、害怕，因為他們平常沒有機會接觸。包括我自己，雖然以前kaingu、umu會帶我去山上，但也是把我放在旁邊，沒有參與耕作。美園這裡的孩子，從小就熟悉田裡的工作，有時候我覺得孩子比我懂得更多，是我在跟他們學習。」

建立一個回到部落的渠道

同時身為家長與老師的Dremedremane（沙婕妤），則是從自己女兒的身上、生活中發生的小故事，發現孩子會觀察到天氣即將下雨、要去提醒隔壁老人家要把還沒晒乾的作物拿到屋內，「我很驚訝，因為我只有想到自己的衣服會不會濕掉，孩子卻會主動關心別人，因為他們在教保中心有經歷過照顧作物、自己晒、自己吃這個過程，所以他們能夠體會那個辛苦。這種能力已經在他們的日常生活中被培力，成為他們的自然反應。」

「學習不會只有認知的成長，能力有很多面向，有時候是情感。

不管是孩子，還是我們這些年輕老師，在田裡跟著老人家學做這些農事，學習的絕對不只是我會不會耕種、會不會操作工具、會不會判斷作物的熟或不熟這些技術。我在跟著一起工作的時候，也是一個建立關係、培養感情很好的機會。有更多的能力和學習是在聊天之中，聽見老人家口中說出一個價值、一個想法，這種價值觀就會不知不覺內化到我們的心裡面。」

另一位Dremedremane（徐慈慧）老師，從自己的成長經驗，看見這些孩子未來的圖像。「我在美園長大，從來沒出過部落。跟部落裡的老人、小孩、年輕人都很熟悉，也會主動互相關心，參與青年會的工作。我們一起長大的這群年輕人，有的人即使到外地工作，都沒有離開部落的感覺，還是有一個向心力在，因為大家從小就認識彼此的個性，也會互相包容。我覺得現在的孩子比我們以前更好，有這樣的空間，他們會有在部落一起長大的記憶。孩子們畢業了、離開了，還是會回來這裡，他們會記得以前在哪一個工寮、哪一棵樹，跟誰玩，哪一個老師哪一個老人家教他們什麼，這些都會是他們深刻的記憶。」

美園教保中心在這個時代建立一個回到部落的渠道，讓孩子、青年、中生代、老人家，在生活中重新學習，大家一起編織在這個部落裡的經驗與記憶，成為一個部落的人。

田間遊戲

來到田裡，除了種植的學習與勞動之外，孩子們也會有時間在這裡自由地玩。雖然沒有教室內各式各樣的玩具教具，孩子們會漸漸熟悉、融入農田周遭的自然環境，依照自己的心情與喜好，選擇到不同的角落遊戲：有的去爬樹或盪繩子；有的拿鏟子和水桶去挖土；擺放幾個廢棄的鍋碗瓢盆及瓦斯爐的區域，就成為他們玩扮家家酒的小天地。

有時，孩子們自己玩起來的時候，也是他們能力自然地展現。有一次，年輕的Thawlalui老師走到扮家家酒的地方，無意間發現孩子們拿了sali（月桃）的葉子，用地上的樹葉和吃完的香蕉皮充當內餡，爬藤當繩子，就可以跟著他一起包出cinabwane（魯凱族傳統食物，類似漢人的粽子）。更讓他驚訝的是，大的孩子包好之後，小幼班的孩子自動拿鍋子去裝水，把哥哥姊姊做好的cinabwane放入鍋內排好，然後蓋上鍋蓋，放到瓦斯爐上。

從模仿大人的動作中，看見這些孩子們身上所累積的部落經驗，文化可以回到日常生活裡去實踐，才是最真實也最讓人感動的。

日常裡的

大　事　紀

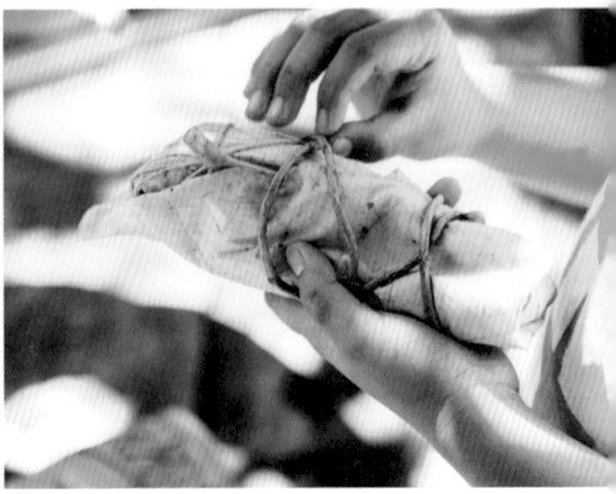

畢業典禮

教保中心一年一度的畢業典禮，不只是畢業生家長的事，而是全部落共同參與的盛會，因為大家都認識這些孩子，在魯凱族的概念裡，只要是部落裡的孩子，就是我們的孩子。

從教保中心畢業，代表他們之後就要離開部落到外地的國小去讀書了，因此，具有特殊的意義。家長們在這一天，會穿上盛裝，有些老人家還會特別在畢業典禮前為孫子製作一套完整的傳統服裝，這些都象徵他們對這個孩子、以及這個場合的重視與心意。

畢業典禮從傍晚的晚宴開始，就充滿了豐年祭般歡樂共食的氣氛。往年這一餐會由家長們每一家出一道菜，一鍋鍋一盤盤精心準備的美食佳餚陸續放滿會場桌面。進入典禮的表演節目，除了教保中心的小朋友們之外，老人文化健康站、國小課後輔導班、青年會、婦女會等等，也都會獻歌獻舞，表達對這些孩子們的祝福。

圖片提供／美園教保中心

搬石頭

教保中心的孩子們在田裡必定會做的一項工作就是搬石頭。這是因為美園部落位於瑪家鄉三和村，這片土地過去是布滿大小石頭的河床地，60年前政府鼓勵原居住於山上部落的原住民遷移到此地，第一代遷村者的經歷就是沒日沒夜不斷地搬石頭，經過好幾年的辛勤開墾，才開始有可以種植食物的農地。

時至今日，每次種植前重新翻土整地，這塊地上還是會冒出很多石頭。作為土地界線、用鵝卵石堆疊起來的石牆石堆，是三和村充滿時代印記和在地特色的景象。孩子們透過撿石頭、搬石頭的勞動，除了鍛鍊體力耐力之外，也是用他們的身體連結村庄的集體記憶，讓他們在汗水中體會早期老人家開墾土地的辛勞，累積堆疊起他們對這塊土地的情感。

教保中心也將部落第一代人遷移及開墾的歷史，製作成一本《美園遷村史》繪本，讓這個故事可以說給所有部落裡的孩子們和家長聽，把土地與老人家的歷史長長久久留存下來。

思辨基地

插畫—吳怡欣

什麼是文字？
什麼是自然？
回到最初最簡單的提問，
直指核心，跳脫唯一解答，
像發現新大陸般那樣，開闊的討論。

很自然地學會文字嗎？

文字、圖片提供－廖瞇

小孩有沒有可能，很自然地學會認字寫字？今天早上我重新思考這個問題——我發現，每個小孩幾乎都是「很自然」的學會「說話」，小孩不用上「語言課」，就學會說話。那麼，小孩一定要上文字課，才能學會文字嗎？

我曾經陪伴一群5～7歲的自學生探索文字，因為我很想知道小孩究竟是如何學會認字寫字，跟他們相處的那一年半中，我發現——

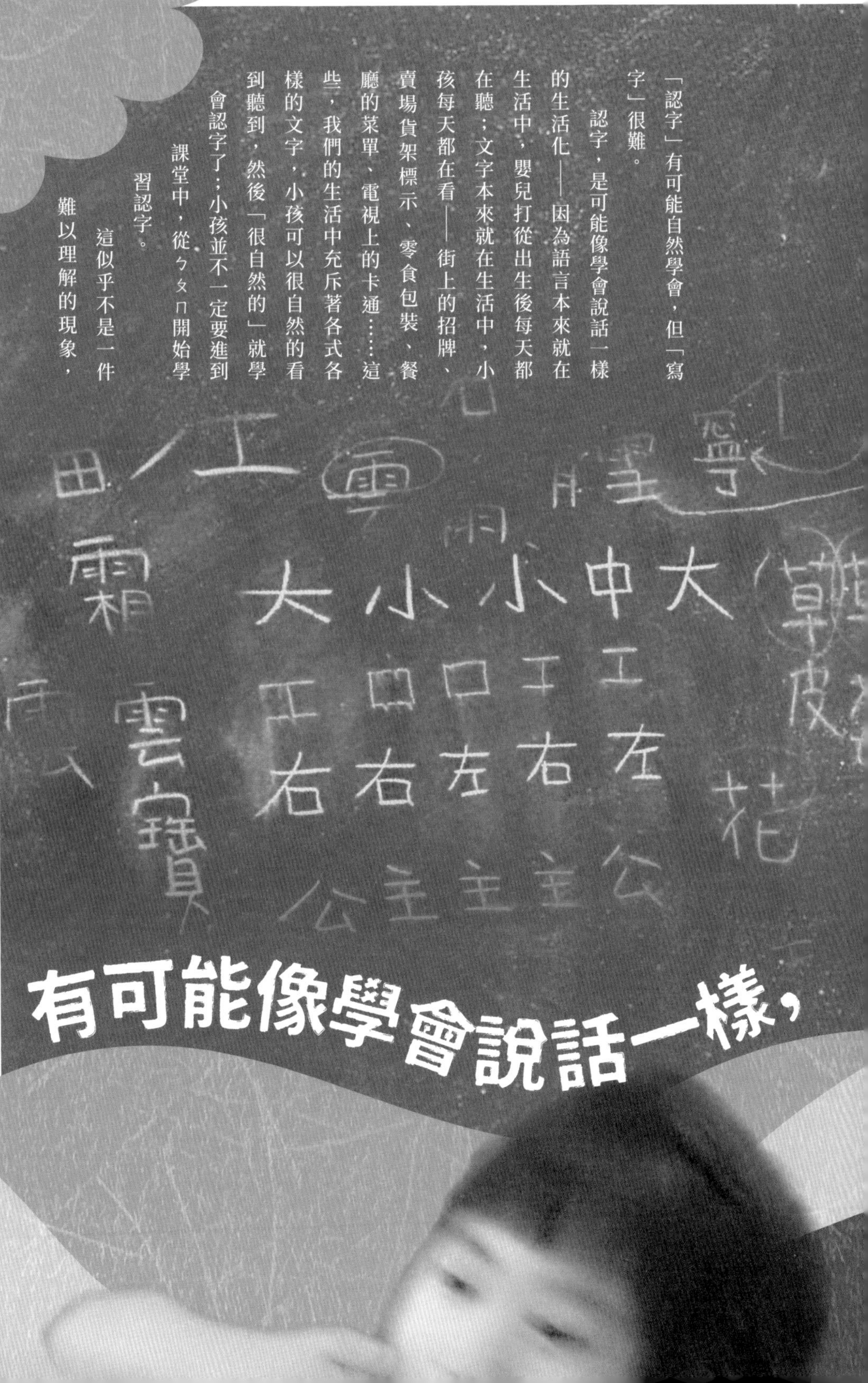

「認字」有可能自然學會，但「寫字」很難。

認字，是可能像學會說話一樣的生活化——因為語言本來就在生活中，嬰兒打從出生後每天都在聽；文字本來就在生活中，小孩每天都在看——街上的招牌、賣場貨架標示、零食包裝、餐廳的菜單、電視上的卡通……這些，我們的生活中充斥著各式各樣的文字，小孩可以很自然的看到聽到，然後「很自然的」就學會認字了；小孩並不一定要進到課堂中，從ㄅㄆㄇ開始學習認字。

這似乎不是一件難以理解的現象，

有可能像學會說話一樣，

但我卻是在跟他們互動的過程中才發現。有一次我們玩起文字接龍，我忘了為什麼會講到「剪刀石頭布」，總之突然有個小孩接「布丁」，丁之後另一個小孩接「丁丁藥局」。小孩接丁丁藥局，我覺得很好玩也很好奇，「你怎麼會想要接『丁丁藥局』？」「因為媽媽開車都會經過啊。」小孩說。

「藥局」之後接「橘色」，雖然不同字，但因為對小孩來說同音，所以我還是將「橘色」寫下，然後補充說明橘色的橘跟藥局的局不一樣。「橘色」之後接「色彩」，色彩之後接「彩虹小馬」。小孩講出彩虹小馬時，我還不曉得那是什麼。「那是一部卡通。」小孩說。

「彩虹小馬」後是「馬蹄」，「馬蹄」後是「蹄子」，「蹄子」後是「紫悅」。寫到「紫悅」，剛開始我不曉得怎麼寫，「哪個ㄗˇ哪個ㄩㄝˋ？」「反正不是蹄子的子。」「那我把可能的字寫出來，你們看看對不對？」我寫了「紫月」，小孩說好像對，「可是好像不是那個月。」「那是哪個ㄩㄝˋ？」「我不知道，我不會寫啊。」

後來我才知道是「紫悅」，紫悅是《彩虹小馬》裡一個角色的名字。這很有趣，他們學會認字的方式並不是看著習字本一個字一個字的學，而是在看卡通的時候有了「印象」。我發現小孩在日常生活

小孩在日常生活中自己學會認得的字，比大人想像的還多。

認字可能自然學會，但「寫字」需要一次一次的練習。

中自己學會認得的字，比大人想像的還多。

漢字不是拼音文字，而是圖像文字，一個字一個形狀，而且單字單音，小孩平常看到聽到的字，經常就在身邊。我發現在沒有特別教的情況下，小孩可以自然認得漢字，而注音符號反而需要另外教，因為ㄅㄆㄇ是有別於生活用字的另外一套系統。

當然這不是說注音不該教或不用教，注音符號確實有它拼音的功能，但這代表其他的拼音系統也可以取代注音符號（文字拼音系統是另外一個可討論的議題，暫不在這裡處理）。

經常出現在他們面前的字，他們可能會有印象；有印象，但不一定會寫。就算他們看著字依著寫，他們也不一定能寫出完全一樣的字，經常會多一筆少一劃，或方向反了。我看著小孩最初拿筆寫出來的字，心裡冒出「喔原來是這樣啊」的感覺。

光是「一」，由左而右的一條線，筆劃不是直的，歪扭才是正常。當下我才意識到，寫出一直線不是理所當然的事。然後，剛開始寫出來的字，多半都很大，他們很難寫出小小的字。對於筆劃與筆劃之間的距離和關係也不一定能掌握。有一次看他們寫「學」，我發現有個小孩把學裡面的×寫成＋。

然後不只一個小孩這樣，三個挑了「學」字來寫的小孩都這樣。

我看著小孩寫的學說，「學裡面是××可是你寫成＋＋耶……」小孩說我知道啊，「但是我沒辦法寫出×」。

與其說他們在寫字，不如說是畫字。

當我聽到小孩說「我沒辦法寫出×」，我好驚訝，驚訝的同時覺得酷——原來這就是他們現在的生理狀態嗎？現在要他們控制自己的手指畫出×，對他們來說是困難的事？

我發現，認字這件事可能在生活中自然學會，但寫字很難。寫字就是需要一筆一劃的寫，在手指還不夠有力氣之前，筆劃就是會歪歪扭扭，字的部分與部分就是會分開，第一次會寫不代表第二次也會寫。寫字就是一種必須要經常寫才能夠學會的事，不論是藉此訓練手指頭的力氣，或是學會觀察筆劃與筆劃間的關係。

我記得第一次上課，我帶了許多跟小孩有關的字，一張紙一個字，我把這些字都攤在地上。他們看到一堆字，撿起來問這是什麼？我說，「這個字是『學』，那個字是『自』，這兩個字合起來是『自學』。」「自學喔！我們就是在自學啊。」小孩說。

我帶去的字，不一定是他們在生活中會遇到的字，但可能是他們經常聽到、說到的字。後來我邀他們寫字，「你們挑一個想寫的字。」本來我以為他們可能會挑筆劃簡單的，沒想到有三個小孩都挑了「學」。

為什麼挑「學」？他們並沒有說。是因為喜歡「學」這個字的意思嗎？

我發現小孩在沒有被強迫練習寫字的情況下，他們不會在意筆劃多寡，字型難度；他們在意的是，這個字跟自己的關係。他們喜歡挑跟自己有關係的字來學著寫——自己的名字、爸媽的名字、喜歡的卡通人物的名字、或是感興趣的字眼。

他們喜歡自己寫字，而不是照著大人的筆順寫。剛開始我想將字的筆順寫給他們看，但小孩說，你寫整個字給我就好。於是我把字寫給他們，他們會認真看字，然後盡力畫出來。是的，與其說他們在寫字，不如說是畫字，這個畫字反而顯現出小孩自己仔細地觀察了字形與特徵，這與從前我們跟著大人的筆順一筆一劃寫字的經驗很不相同。

我發現小孩有認字的欲望，也有想要學會「想寫的字」的渴望；他們有對文字的主動性，但這個主動性跟大人所認為的不同。大人從過去經驗中所認知到的寫字，是不管什麼字，都要一遍一遍的練；但對這群小孩來說，他們會想寫字，但多半只挑自己有興趣的字，或是「需要用到的字」；他們很少反覆的練習一個字，他們覺得那樣很無聊。

那我會不會擔心他們無法真正學會？擔心他們忘字？擔心他們寫錯？

曾經我有過這樣的擔心，但當我再細細設想小孩的狀態，我發現文字對大人和小孩來說，有著不太一樣的意義。對大人來說文字是工具，所謂的學會就是要做到熟練；但對小孩來說，他們並不是把文字當成是工具而親近，而是將之視為好玩的東西。

小孩說，「巫是工裡面有兩個人。」「果像一隻蜘蛛。」

把文字當成好玩的東西，他們就可能有意願親近，不會像從前被要求練字的孩子，一想到要寫字就叫苦連天。當然，他們可能很晚才會熟練文字這個工具，但我想，當他們漸漸長大，漸漸意識到文字工具性的一面，自然就會想練。

但有時大人會忘了小孩的狀態。這是我經常得提醒自己的事。

文字對大人和小孩來說，有著不太一樣的意義。

廖瞇
瞇是細細地看，慢慢地想。現為文字工作者，偶爾幫忙伴侶務農，以及陪伴小孩探索文字。2013年移居台東鹿野。

是理所當然的

文字、圖片提供—汪仁傑

回想我的學習過程，很幸運有許多沉浸在自然裡的日子，然而在獲得滋養的同時，也眼睜睜目睹環境因人禍而崩壞；當我開始去探究一條巧克力、乃至一件衣服背後所涉及的全球化網絡，卻看到一層層對人或環境的血淋淋剝削，因而對世界龐大的不公義感到質疑，逐步陷入某種絕望、憤怒與困頓。

每當心中的負面情緒高漲，我會進到大自然裡獨處一會兒，讓

森林、溪流、海洋來療癒自己，在這「挫敗—療癒」的過程裡，明確感受到與生俱來的親生命性（Biophilia），卻恨自己是人；恨自己無能為力。曾經低潮到站在台北街頭哭泣，直到某次被夏季的璀璨星空震懾，意識到自我渺小與宇宙浩瀚平靜，才學會放下，並重新找回對這個世界及對人的愛。

這幾年移居台東鄉下，在一間實驗性質的中學擔任自然老師，有機會長期和學生們相處，在課堂裡天馬行空地和孩子們分享我所認識的大自然，一同討論著各種環境、社會議題，一起為人類在這顆星球上的現況提出反思與詰問。深深覺得能和國、高中生們分享自己的日常，讓彼此的想法碰撞、對話、沉澱，省思後形成新的自己，是一件很幸福的事。

回想三年半來的教學生涯，有一門課直接從「生命」切入，令我記憶深刻。

當時得到二十幾隻、因移除計畫而被犧牲的綠水龍樣本——原產於東南亞的大型蜥蜴，被寵物市場引入後，在台北新店山區野外繁衍，通報後被移除人員人道處理。為了讓這些動物的犧牲有更多生命教育的

生命的本質或許一樣，但我們的心往往卻是偏的。

生而為人，沒有什麼

價值，而不是加強「外來種理所當然就該死」的思維，於是開始一連串的實作與思辨課程。

整個學期，帶著11年級的大孩子，從外來種的定義開始，反思「因人類的全球化移動導致生物多樣性危機，能否成為犧牲其他生命的合理理由，以及是否符合正義？」

起初，我們一起接觸在野外、活生生的綠水龍，讓這些有著美麗鱗片的動物在身上攀爬，觀察牠們的行為，去感覺牠們的情緒、呼吸、心跳。我們也討論到，為什麼同樣都是生存受到威脅的海洋生物，獵捕海豚會被輿論譴責，黑鮪魚卻是盤上佳餚？同樣都是危害生態的外來種，貓狗和蜥蜴的待遇相差甚多，甚至連適用法規都不同？

生命的本質或許一樣，但我們的心往往卻是偏的。我和學生分享了那一年，和夥伴與一群孩子來到一座澎湖無人島生活的故事：島上有幾隻被遺忘的無主山羊，我們被飢餓與原始的獵性驅使，想要捕捉牠們。然而，當我們真的費盡力氣活捉到一頭羊，過程中還受了傷，孩子們卻決定要放走牠。

毫不意外，山羊的聲音和眼神透露了牠不想要死，深深觸動我們的心，於是最後牠被放走了。接著，孩子們開始拿石頭敲打礁岩上的牡蠣，一顆顆狀似石頭，卻依然鮮活的生命，被生吞，被活烤，無聲無息。我們能夠輕易感受到羊，卻感受不到牡蠣。身為人，我的感

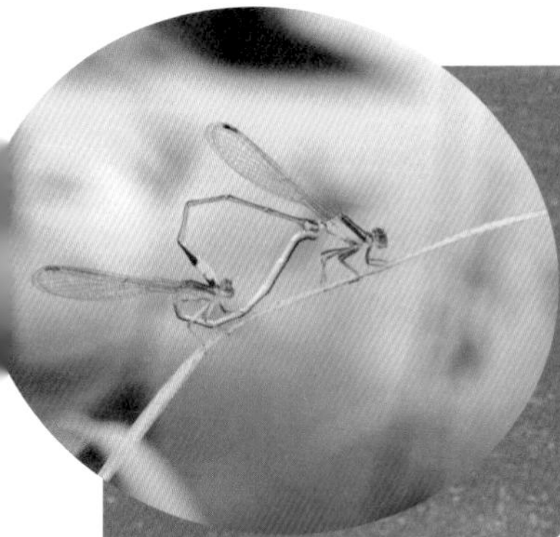

用他者的死亡延續自我的生命，如此平凡、神聖而自私。

官理論上只接受固定的光譜和波動，這並不是我的錯。

曾經帶學生們玩過一個拓展感官的小遊戲：找一個草皮趴下，試著用眼睛追蹤一隻螞蟻，觀察牠的姿態與行為。如果不小心跟丟了（很常發生），那就再換一隻，反正螞蟻很多。在螞蟻像喝醉酒一般的路徑上，還有很多蜘蛛、蚱蜢、馬陸、蝸牛……等生物。

當再度抬起頭，人還在公園裡（也許旁邊有路人圍觀），但眼中看到、心感受到的世界已經不一樣。這個時刻，不用顯微鏡，也已經突破原本的感官「限制」。下一次走過草皮，心裡清楚，腳下的世界何其遼闊，而不再只是草皮。

想想看，如果有更多人拓展自己的感受力，這個世界會有什麼不同？

時序來到學期中，和學生一起面對從冷凍庫拿出來的綠水龍屍體，感受生命的沉重。學生們分組進行測量、解剖、記錄分析胃內含物、練習科學繪圖、討論生態學及外來種相關的法規……，許多人的回饋都提到對這些蜥蜴的愧歉與不捨，以及生命的不公平，更甚者，講到人類才是罪魁禍首，對自己生而為人感到抱歉。

很喜歡這些直接、卻近乎被遺忘在日常生活中的感受。

是啊，當外來種成為生態系主要的威脅之一，擬定適合的移除計畫就是一件必要的事情。我們打著移除

外來種的大旗，來移除這些因為人而來錯地方的動植物，理直氣壯說是為了維護生態平衡、保護生物多樣性，追根究柢，其實是為了自己；地球不會「毀滅」，是我們賴以維生的生存條件會改變。環保救地球、拯救雨林、拯救原生動物……，看似博愛的行動背後，到頭來多半只是為了人類的存續。

我們用他者的死亡延續自我的生命，如此平凡、神聖而自私。

學期最後，我們緩緩建構起一個概念：每一口食物、每一個步伐、每一次按下電燈開關、乃至於每一次消費，背後都是無以計數的生命。僅僅只是活在地球上，就是靠其他生命的犧牲所交換來，沒有什麼是理所當然的。

一隻非洲象為了覓食而摧毀整個灌叢，是否應該感到愧歉？我們就如同大象，為了生存所需而拿取，而如果我們夠明智，就會懂得為了生存而謹慎感恩地拿取。拿取生命並不是罪過，而是無比自然的發生。

拿取生命並不是罪過，而是無比自然的發生。

菲律賓呂宋島的阿埃塔族（Agta），生活區域在熱帶雨林，他們和網紋蟒的關係很微妙，既會捕食網紋蟒來吃，也面臨被蟒蛇獵食的威脅（有1/4男性身上帶有被蛇攻擊的疤痕），同時蟒蛇和人都會獵捕森林中的鹿，所以人與蛇彼此是互相捕食、被捕食、競爭食物的關係。我不曉得阿埃塔族人是否會產生「生（身）而為人，我很抱歉」的想法，畢竟他們和蛇是如此平等：都是共同生活在雨林裡的動物。

想起時常仰望浩瀚星空、感到困惑的那個夏天，查資料後發現如果地球是一顆芝麻，太陽的大小約是一顆排球，而夏季夜空中天蠍座的心臟，位於五百多光年外的心宿二，直徑則是太陽的八百多倍。像是這樣的星球，在宇宙中的數量多到難以計數。

而聯想到一段文字：「如果雙臂展開的長度是地球存在的時間軸，左手中指末端是地球的誕生，右手中指的指甲末梢，一根銼刀磨過，就可以把智人的歷史抹去。」

自此之後，才開始學習柔軟與放下。我們住的星球有許多問題：海洋廢棄物、河川水泥化、過度漁撈、氣候變遷、工業化畜牧業、外來入侵生物、外包災難、戰爭、氣候難民……等問題，人是萬物之靈，人是地球毒瘤，人承受很多，再愛再恨，也不過如此。也許很多數據和脈絡一時難解，但至少我們可以開始對這個世界和自己的作為保持關注：一切是整體連動的關係，去覺察生命的輕與重，去感恩每一天的活著。

偶爾想起，生而為人，不過就是一種動物，何其渺小卻又如此可愛。

汪仁傑
從小就是個野孩，總有辦法玩得滿身髒兮兮，偷溜出教室只因為上課時間的昆蟲比較好抓；打掃時抓老鼠被咬，送醫打破傷風。以為這樣的症頭會隨著年紀增長而減輕，沒想到就這麼從野孩變成了大野孩。

語言基地

插畫—吳怡欣

母語，
是當代靈魂與過往靈魂之間的連結。
使用母語，追尋母語，
將之放回日常，形塑一個生活的情境，
文化的異趣和脈絡，就能開展而來。

保存美麗卻瀕危的語言

文字—李盈瑩　圖片提供—野塾

像守護野生動物，

風和日麗的公園午後，陳俐璇與林依蓉正以台語帶領一群孩子認識四周環境，停棲在枝頭上的是「白頭鵠仔」（白頭翁）、草地上活蹦亂跳的是「膨鼠」（松鼠），一旁還有正在跟「杜蚓仔」（蚯蚓）拔河的「山暗公」（黑冠麻鷺）。

在華語儼然成為主流的今日，一個幾臨消逝命運的本土語言，偶然在都市裡被流利地講述、透過孩童之口學習複述，顯得格外吸睛，總能引來好奇的民眾圍觀。

台語，承載早期人們對土地的觀察

2019年春天，陳俐璇與林依蓉共同創辦「野塾」，一個採用全台語教學，引領兒童接觸自然的團體。她們結合自身在生態領域的專長，貼近土地的脈動，於春日賞鷹、探尋鳥巢；於炎炎夏日聆聽蟬鳴、認識松鼠；在秋高氣爽的時節通過嗅覺及味蕾接觸本土香草；於寒冬時節觀察過境之鳥。

市場上不乏兒童自然教育的課程，然而當「台語」遇上「自然生態」，會迸發出什麼有別於一般華語教學的火花呢？「野塾」在教學分享的過程中深刻感受到，台語是從土地長出來的語言，承載了早期人們對於動植物的觀察脈絡，許多

生態名詞在華語僅有單一詞彙，透過台語卻呈現了諸多樣貌。

　比方說，綠頭鴨的台語並非「青頭仔」，而是「金頭仔」，可能由於當時的人們觀察之際正值中午，才會注意到陽光下閃爍著金色光芒的頭羽。而紅冠水雞依據不同地域也有「青跤仔」、「水鴒鴒」、「紅骨頂」等不同稱呼，宛如視覺版的「瞎子摸象」，有人注意到牠黃綠色的腳，有人因烏黑的羽色聯想到八哥鳥（鴒鴒），有人則著墨在牠們鮮紅色的額板。此外，像是夜鷺的台語是「暗公鳥」，與夜鷺幾分形似的黑冠麻鷺則是「山暗公」，這「山」字何來？探查之下才發現，原來數十年前，黑冠麻鷺只在淺山地帶出沒，

不似今日公園隨處可見這般普遍。

植物也有相同的情況，昔日流傳著「外甥成母舅」，意即遺傳學的緣故，有些小孩長得不像父母，反倒更似血源關係更遠的舅舅。於是某些外形雷同、內裡卻大不同的植物，就成了「某某舅」，像是台灣欒樹的台語為「苦楝舅」就是常見的例子。曾在台大梅峰農場擔任解說員八年之久的俐璇更補充說明：「以前工作地方有許多賽德克族的同事，假設他們稱某種植物是香椿的鬼，意思就是該植物有著香椿的形貌，卻無香椿的獨特氣味，有其形，無其神，故以『鬼』來相稱。跟閩南人以『舅』來串連外觀，兩者異曲同工。」

台語與華語的世界觀截然不同，其所隱含的細節線索，透露出植物的歷史變遷，也藏著不同地域的人們觀察。孩子透過台語詞彙，與早期的阿公阿嬤產生了連結。

把掉了的語言，重新撿回來

離開南投梅峰到台北展開育兒生活的俐璇，在「台語路共學團」結識了曾在野生動物救傷站與台灣猛禽研究會工作的依蓉，兩人一拍即合的生態背景，加上孩子年齡相仿，創辦「野塾」的構想於是催生。

俐璇與依蓉皆是以全台語與孩子對話的家庭，只是起心動念的契機略有不同。出生台南的俐璇兒時在家中雖慣用台語，上學後自然而然被華語同化，直到懷孕期間偶然見到友人用流利的台語與孩子對話，覺得眼前美麗溫柔的畫面十分動人，自此嘗試台語育兒的模式。

依蓉則是在近年香港抗中的浪潮下，有感於霸權的壓迫力道，遂興起捍衛台語的想法，且她發現先前僅是採用像是「食飯」、「洗身軀」這類簡單的日常詞彙，在缺乏語言結構與整體情境之下，並不足以讓孩童能真正使用這個語言，因此決心採以全台語對話，強化孩子的身分認同。

許多像俐璇與依蓉這樣的台語家庭，當孩子跨出家門後，無論是

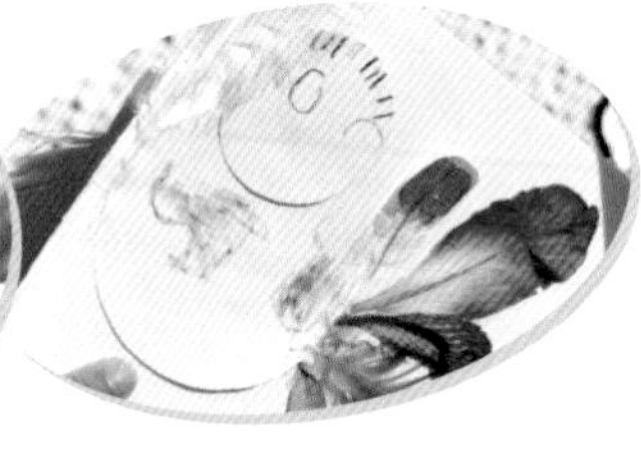

學校或公共場所，都很容易在強勢的華語環境下失去繼續講台語的動力。野塾的成立一方面延續兩人的興趣背景，同時也承接許多台語家庭的孩子，讓他們在家庭以外仍能感受到支持，讓同齡的小孩相互影響，增進口說的信心。

在課程設計的部分，俐璇主掌植物，依蓉主責動物，每堂課會先帶孩童探索環境，接著由依蓉以台語導讀相關繪本，由俐璇運用自然素材帶領手作，並以都市公園為教學場域，鎖定學齡前兒童，即便市場小眾，一路走來卻也穩健踏實。

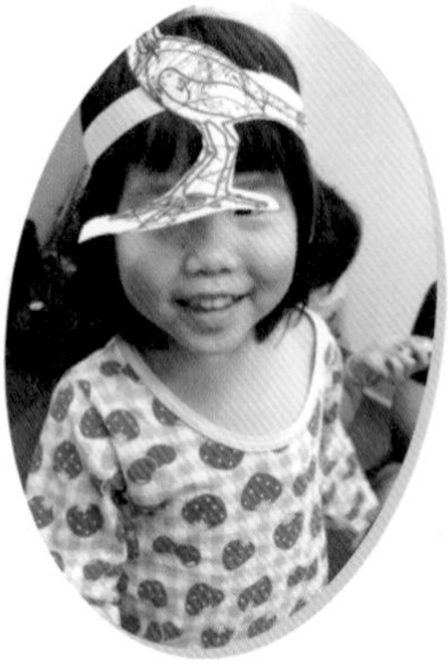

語言需有情境，始能真正活起來

台語親切、懷舊、語感豐富，但有時會給人悲情印象，甚至被貼上低俗的標籤。如今一群有意識的年輕家長掀起台語革命，不僅講生活化的台語，也透過共學團以及「iTaigi愛台語」、「ChhoeTaigi 找台語」、「教育部閩南語常用字詞典」等學習平台，鑽研並傳授具有生態專業辭彙的台語。讓這個一般認為多是老人在使用的語言，添加了幾分專業與年輕的形象。

隨著小孩逐漸長大，長年採用台語育兒的俐璇與依蓉，慢慢在孩子身上看見台語學習所帶來的影響。由於台語屬於「聲調性」語言，每個音有八個聲調，相對複雜，而孩子學習能力快，在家使用台語，在外又免不了會接觸華語，等於從小就在雙語環境下成長，他們的小腦袋瓜裡隨時都在切換語言，將來學習外語會更加順暢，對於新事物的接受度也特別高。

雖然教育部目前安排國小每週一堂的台語課，然而出了教室，許多孩子在日常生活中仍不黯台語，母語最終仍淪為教科書上的僵硬知識。這或許也是「野塾」存在的意義，以自然生態為餌，形塑一個生活的語言情境，如同依蓉所說：「語言需有情境，始能真正活起來。」

發現四季裡的台語

春季

春暖花開，來到蝶類產卵與毛毛蟲孵化的季節，鳥類因而有充足豐富的食源，也在此時紛紛做窩育雛。野塾趁著大好春日，會帶孩子到公園尋覓鳥巢，除了找到黑冠麻鷺、夜鷺、斑鳩、金背鳩的天然巢穴，也看見紅冠水雞帶著幼雛離巢覓食。透過長年蒐集的鳥巢樣本，原來樹枝、蛇皮、青苔、蜘蛛絲、破布都能成為巢材，甚至連清明節掃墓用的「硩墓紙」都在其中。課程中還會讓孩子蒐羅自然素材，運用黏土製作鳥蛋與鳥偶，做一個屬於自己的鳥巢。

春季同時也是猛禽自南洋北返的時節，野塾今年度開始與「台灣猛禽研究會」合作，於陽明山舉辦「菁山賞鷹」活動，讓親子學員透過雙筒望遠鏡觀賞猛禽在陽光下的羽色變化以及展翼時的壯闊英姿。

夏季

夏季是樹木最為蓊鬱茂盛的季節，野塾會引領孩子深入台北植物園，找尋不同形態的葉片，卵形、心形、如針般細長的、寬大如掌的、如皮革般具有韌性的……，進行一場與葉片的邂逅及創作。此時也是各種動物活躍的時節，植物園裡常有松鼠出沒，他們以此為題，提醒孩子避免餵食，以及人類與野生動物過於接近所產生的風險，活動最後再透過毬果與銀葉板根種子為素材，創作一隻隻栩栩如生的小松鼠。隨著暑氣漸升，富陽公園的蟬鳴四起，野塾引導孩子放大覺知，張開耳朵聆聽熊蟬以腹部鳴器發出的聲響，再張大雙眼尋找停棲在樹幹上的夏蟬、撿拾牠們留下的蟬蛻，一同哼唱關於蟬的台語兒歌。最後再利用天然竹材與松香，製作一只可模擬蟬鳴的竹蟬古玩，重現早期農家的童年趣味。

秋季

秋高氣爽，來到一年之中最適合散步的季節，野塾團隊事先在富陽公園暗藏五顏六色的毛線段，利用這份簡單的暖身活動，讓參與課程的孩子透過實際的感官體驗，探查哪些顏色最容易被發現、哪些顏色在大自然最具隱蔽效果，再依照學習單按圖索驥，找尋園裡的動植物。於宜人的秋日，在這座迷你淺山公園化身為小小偵探，進行一場場野外探險。

在秋日的課程企劃中，也會以本土的香草植物為題，透過嗅覺認識魚腥草、艾草、鼠麴草、香草等民俗植物，再依循傳統農家昔日運用食材的方式，將茄茎仔醃漬為點心、將艾草剁碎煎蛋，透過味覺熟悉香草。有趣的是，魚腥草的台語為「臭臊草」，是由於新鮮時搓揉會產生難聞的氣味，早期人們覺得近似魚湯放涼後的臭臊味，然而同樣的植物晒乾、烹煮成茶卻只餘天然青草氣息，最能讓孩童體會植物烹煮前後的明顯變化。

冬季

參與野塾課程的學員十分固定，幾乎年年都是老面孔，因此每年會盡可能依照季節變換主題，唯獨冬季的重頭戲「過境鳥觀察」以及春季的「鳥類及鳥巢觀察」，屬於每年常態的固定課程。

冬日是北方西伯利亞鳥類往南過冬的季節，不同於一般公園生態池常見的鳥種，來到位於台北萬華的華江雁鴨自然公園，可觀察到伯勞鳥、成群的小水鴨、磯鷸，以及其他鷸鴴科水鳥，透過架設好的單筒望遠鏡觀察其理羽、覓食、棲息等豐富的動物行為，揭開候鳥的神秘面紗。

對於年紀幼小的孩童來說，置身於景色遼闊的河灘地形，感受陣陣寒風呼嘯而過，幾分寂寥蒼勁的氛圍伴隨著候鳥觀察體驗、台語生態學習，是一份由肌膚觸感、視覺衝擊和特別的語言情境，所交織而成的深刻身體記憶。

這裡有南瓜就在這裡跳舞吧

文字—小海　圖片提供—Tamorak共學園

陽光中大小孩子們拉著手，邊唱歌謠邊學起身邊大人做動作，春天的白鷺鷥、夏天的麵包果，稚嫩聲音跟著節奏把生活唱進族語裡。

腔調或許還有些笨拙，如同他們小小的肢體在轉圈、起立時總帶著搖晃。不過踏上這條母語帶領的成長路，強壯的文化如同陽光總在左右。這裡是Tamorak 共學園，台灣第一個全「美」語學校。

Tamorak位在山海瑰麗的東海岸，花蓮豐濱鄉港口部落。在這裡，風靡全球的華德福教育和阿美族的亙古文化，結合出一處優雅豐沛的共學環境。

園長ina nakaw（林淑照）過去曾在傳統教育體制服務，然而接觸到華德福系統後，發現當中以季節遞嬗、故事歌曲、自然體驗、節慶儀式作為課程內容的方式，與原住民族文化傳承的本質相當契合。

因此憂心母語流失、希望翻轉教育現場弱勢的她，辭去教職、完成華德福師資訓練，並且在進入相關學校任教學習整體概念後，於2012年回到部落帶著自己的孩子開始自學。

「有些家庭看見我的小孩母語流利，聽到我分享的這些教學方式，開始有動機一起學習。」

2015年實驗教育三法通過後不久，這些家庭就聚在一起成立Tamorak阿美族共學園。相較於其他華德福系統的場域，在這裡，學校、家庭、部落更緊密地交織著。城市中可見的種種專業分工，在部落裡則是一個人必須回應不同需求，因此變換角色。創學最初，家長們幫忙修建教室、輪流支援煮食；ina nakaw也以讀書會的形式和家長們共同討論課綱、開發教材。如今，Tamorak邁向第六年，有不少從幼兒園畢業的學生，因此也展開小學部。部分家長經過師資培訓成為園內老師，目前共學園的小學部有11位學生、4位老師，幼兒部有6位學生，3位老師，另外還有1位照顧大家肚子的廚工。

無論是學生或老師、廚工還是訪客，任何踏入共學園的人都被邀請必須以母語溝通。全母語共學是Tamorak被大家最為知曉的特質，事實上，正因為語言是文化的基礎，能讓一個人決定如何指稱周遭環境，如何陳述自己的過去與未來。所以了解偏鄉部落與現代社會差距的ina nakaw，看見兩者不必然是衝突，但如何找到方式自處的關鍵是孩子們的心智。「希望可以跳出漢語教學的框架，讓部落孩子不要過早被否定。」Tamorak在

去吧。」來到園區常常可以看到一棵樹上掛著好幾個孩子。有天那對父母來接小孩下課時，就發現女兒正爬在樹上，爬得好高好高，就像她小時候那樣大膽。

有文化有根就有力量

「每年政府都會視察自學，他們一定會問學生要怎麼進入主流世界？或是很多人會問小孩的競爭力在哪裡？」原本是共學家長後來成為老師的ina sera（楊霈妮），深深了解外在環境如何對族語共學的不了解。「其實做手工可以訓練意志力、耐力，畫畫則是學會情感表達。這些學習和一般體制很不同，看起來就像生活，但你所學到的就

是可以運用的能力。」ina nakaw也常常被這樣詢問，但她和ina sera對族語共學都沒有遲疑。

「我自己是受體制內教育，所以不只族語忘光，更糟的是已經習慣答案只有一種。」ina sera感受到自己過去填鴨式教育和此刻孩子悠遊在母語環境中最大的差別，就是她習慣不去主動思考各種事，但孩子卻顯現出表達自我喜好、能夠反思的能力。有文化、有根，性格就會充滿力量。許多父母是隨著孩子進入共學園，才再度尋回自己對母語的依戀、對文化的深度體會。

「這裡是跟家長一起運轉的，教育是輔助系統，孩子還是來自家庭。」當這些家長們投入一起創作教材，一起帶領孩子們走入山海，身體力行著自己的才華與技藝時，就是對孩子們最好的示範。

因為文化即生活，生活即文化，Tamorak在阿美族語中為南瓜之意，有著旺盛的生命力，在不同環境都能生長。然而萬物繁盛必然來自根系緊抓沃土。港口部落蘊含如此富饒的阿美族文化，在一個個家庭裡滋養出文化的根，孩子們順勢攀爬，抵達Tamorak共學園這座孕育族群未來的支架。

藏在生活與環境的學習

幼兒園

在Tamorak幼兒園中試著為孩童建立的，是一個感官與自然銜接、生活規律的狀態。因此有明確的上下課時間，以及隨著四季調整的室內外課程。

晨圈，是幼兒園裡的一件大事。每天都準時進行的晨圈，邀請大家圍成一環共同唱誦歌謠。晨圈歌謠的編撰來自教師們觀察四季特質、以族語寫下，像是春天的白鷺鷥與毛柿，都是孩子們在生活周遭可以輕易觀察到的動物植物。藉由晨圈反覆唱誦歌謠，孩子們就能夠學習這個季節裡常見的字彙。歌謠每個月換一首，同個季節至少能夠唱到兩首歌謠，累積更多字彙。

孩子們最愛的散步課在夏季時往往親近海岸，沿著潮間帶撿拾貝類，或是在淺灣中戲水。全程族語的散步課程，有時比室內可以帶來更多知識與詞彙，因為生活在太平洋旁的港口部落有許多與海相關的文化，以及非常細緻的傳統地名。當孩子們手牽手散步到Cacangawan（項鍊海岸），老師們就會解釋因為眼前的岸邊礁石一顆顆，就像項鍊一樣鑲在蔚藍海面。因此cangaw是項鍊，老人家們就這樣為此地命名。

學習族語在這個階段，就是提供耳濡目染、全族語對話的沉浸環境。無論是講故事或唱歌謠，以及與老師的對答，都讓簡單且基本的族語字彙反覆出現，引導孩童聆聽與使用。

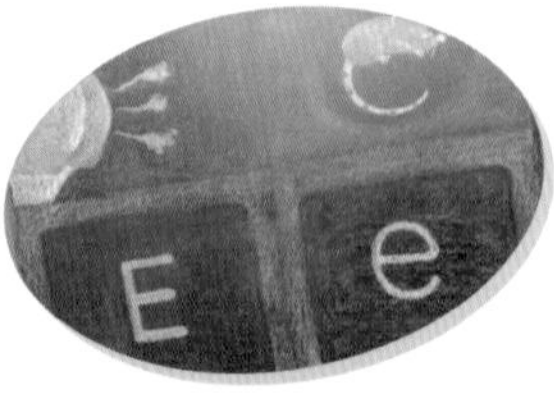

小學部

目前小學部的最高年級是五年級，族語課程的進行主要是邀請部落ina前來講故事，輔以共學園內老師們協助。之前每個年級的主課都分開進行，但今年秋天將有一個改變，每學期將有一個主課是全部小學部的孩童混齡學習。

進入小學部，孩子們將有正式的語文課，從一年級開始學會22個羅馬拼音的字母大小寫。在幼兒園時期大量的母語陪伴、歌謠唱誦，學會的是族語詞彙唸法，但跨步到學會字母，是個不小的挑戰。字母對孩子們來說是抽象的，因此老師們藉由自編教材中使用阿美語常見的詞彙，帶入羅馬字母，例如f，futing（魚），開始介紹22個字母。不同於傳統教育中反覆抄寫課本，在這裡會帶領孩子們以身體模擬字母形狀，增加他們對字母具象化的熟悉，另外，也讓孩子們以繪畫的方式加深字母印象。

二年級在有了字母基礎後，開始學習句子拼音及單字。藉由部落的ina每天來用母語為孩子們講述同個寓言故事，結束後詢問孩子記得哪些單字、學習拼音。或是複述印象深刻的情節，讓他們練習可以說出完整句子與故事。這些故事都是開學前ina們協助翻譯，並且錄音、謄寫出阿美語逐字稿，孩子們在學習時才有相關教材使用。

學習族語在這個階段進入書寫、背誦及應用，隨著年級增長，故事與句子的複雜度也增加，期待課程結束時，孩子們可以使用阿美語講述屬於自己的歷史。

在地基地

插畫—吳怡欣

把生活所在地的田野現場，
融合地方知識議題，
啟發孩子主動探索的好奇心，
走入社區街頭，認識自己的家鄉，
成為學校圍牆外的另類基地。

當個以小孩為田野的人類學家

文字—李佳芳
圖片提供—台南塾、找路教育工作室

說起喝咖啡，有人鍾意連鎖咖啡館，有人偏愛獨立小店，如此日常生活的小事，每個人卻都有自己的講究，而教育呢？從體制教育的不適應者，到成為一名獨立教育工作者，羅士哲與林劭璠直視體制教育的問題，在台南與台中成立學校圍牆外的共學基地，辯證多元尊重的聲浪下，教育應有的可能性。

「我是國小國中成績都很前面的乖孩子，可是考上景美女中之後，我就沒辦法上學了。我每天會穿好制服去等校車，但是一看到校車我就無法呼吸，最後只能呆呆看著校車通過、開走。我好像癱瘓了，再也沒辦法上課。」林劭璠語氣輕柔帶笑，說著自己如何被勒令休學，生活從正常到崩潰，在體制教育上的一路跌宕，試著把痛苦回憶說得很淡。

一位品學兼優的孩子為何好端端地失控，突然像罹患了感冒，突然對上學產生過敏，最終嚴重到再也無法踏入校園。無關叛逆，也非交了壞朋友，更不是沒興趣讀書，只是「學校」定義下的教育，不見得適用所有孩子。

帶傷長大的世世代代

我們都已從學校畢業太久，久到忘了回學校看看，現在的教育有沒有比以前還好。在解嚴30多年，羅士哲與林劭璠一代人，並沒有感受到台灣教育的更多自由，反而落入「不要輸在起跑點」的陷阱。

多年來體制教育持續以升學為主流，分班制度是沒有思想靈魂的分類帽（Sorting Hat），許多高敏感的孩子被安排進入鬥犬場，接著一個個突變成父母不認識的樣子，然後被歸納為「問題學生」。

不知該慶幸還是該悲傷，羅士哲說自己很「屎」，在明星小學資優班吊車尾。無法適應學校教育的他因為時常違規，時常被罰不能坐椅子，大部分時間都是坐在地上上課，但這種處罰只是小菜一碟，老師公開羞辱、毆打、體罰學生已是家常便飯，反倒是不打人的老師會被視為異類，甚至會遭排擠。

他想來好笑，「我們青蛙跳是要跳樓梯、跳操場的喔，我常懷疑台南人體質是不是強健異常，怎麼都沒有跳到橫紋肌溶解呢！」強烈的階級

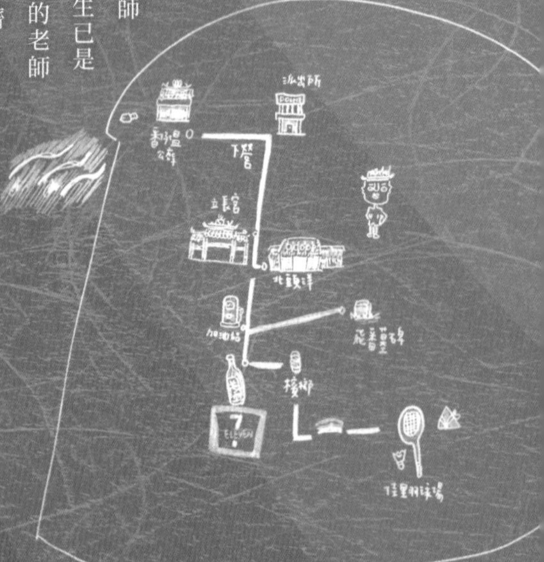

制度與體罰教育，在台南人身上已成一種世代創傷，羅士哲每回演講提到，台下總有台南人哭。長大的孩子假裝自己沒事，其實人人內心都有傷。

學習不只有一種方式

在風暴中成長的羅士哲，因為一直無法適應學校，父母與學校老師都拿他沒轍，最後只好把他托付給人本教育基金會，至於林劭璠則是辛苦地在一所又一所的學校裡流浪，直到大學時期接觸牛犁社區交流協會，才在他們所推行的人文教育中獲得療傷。

「很多大人會問，你為何沒辦法像別人一樣？」只有自己走過，才能感同身受，林劭璠輕嘆口氣說。在跌跌撞撞的求學生涯，林劭璠與羅士哲花了好長時間迷路，也體認到體制外教育的迫切需求。數年下來，因兩人或返鄉或移居，最終在台南與台中成立各自的教育基地，也就是現在的「台南塾」以及「找路教育工作室」。

從自身成長經驗出發，意外走到今天成為一名教育工作者，林劭璠與羅士哲不滿體制內教育的僵化與陋習，他們開始在廟埕、巷弄、公園及博物館等公共空間上課，帶著自學孩子們遊走共同生活的城市，成為學校圍牆外的另類學習基地。

「這不是補習班，也不是一般的才藝教室。」羅士哲明確表示。他不想重複校本內容，所有課程都是自己設計，從擅長與興趣的議題出發，有哲學、台語文、考古、廟宇、家將文化等，

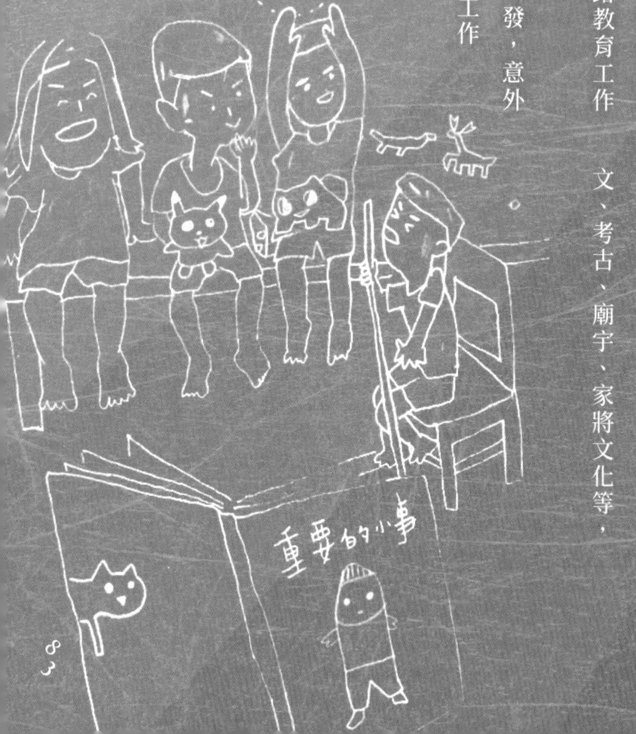

主要目的是啟發孩子主動探索的好奇心。至於林劭璠，把知識內容化成一條又一條小旅行路線，她想帶著孩子在知識中遊戲，認識他們的家鄉、自己的移居城市。

相信每個孩子的獨特性

回想七年前返鄉，羅士哲驚訝台南還是缺乏體制外教育，勉強算得上的只有王財貴教授的兒童讀經教育，以及一小部分的華德福學校。「時至今日，台南人對教育想像還是升學。」

羅士哲語氣有無奈，更有掩不住的憤慨，「台南人流行一個觀念，9歲定終生」，意思是只要

進入明星學校的資優班，你大致上就是一位醫生了，你這輩子最差的行業就是工程師了，不可能做老師或以下的工作了。這種教育神話聽起來很不可思議，但在現下卻仍然強大。

自2008年投入體制外教育，羅士哲曾與當時在人本教育基金會的盧駿逸在新竹推動合作教育，一時間影響了許多人（成立光合人文教育工作室期間），彼時的林劭璠正在漁光島開個人工作室，不久接受一群地方媽媽的邀請加入親子共學團，並一路努力至今日。不論身在何處、教室在哪，他們都對一件事深信不疑，那就是尊重每個小孩的獨特性，才是教育的本質。

Q1 你們是如何成為一名教育工作者？

羅 很多人會覺得教育很難，是因為很多人誤解「必須要經過特定訓練才可以成為一名教育者」，這個邏輯有部分正確，但有部分卻是錯誤的。確實，在反覆練習之下，可使教學技巧更精熟，可是教育需要的不是「一套教學技巧」，而是要能把每一個小孩當成獨立的人來溝通，而教育者的腦袋不同，又面對不同的孩子，理當要發展出不同的教學方法，這是受過專業教育訓練的人經常用錯的地方。

羅 教育理論與教育實務完全是不同領域。教育理論固然很重要，但沒有建構實務，或是實踐低落，都無法成為教育。你看體育教科書學打籃球，上面寫著「以右手運球，待接近籃框兩大步，跨出右腳時，把球收在胸前，接著左腳踏地往上跳躍，同時抬高右腿，幫忙身體彈跳……」，難道把理論背熟、把教案寫好，就等於知道怎麼教人上籃了嗎？我認為教育實務並沒有確切的培育方法，教育者要自己邊做邊調整，臨場反應很重要。

林 我的本科是社會學與人類文化學。就我以前的工作看來，專業和小孩沒有太大關係，好像也與教育距離有點遠……

林 不過，這門科系卻讓我了解人是可以透過互相影響，讓我們在人格發展可以有所突破。所以當我看小孩的時候，常覺得他們不只是一個「個人」，他們身上常折射出家庭、環境、社會對他們的期待……現在想想，從他們身上發現的特質，好像成了我設計課程的重要基礎。

林 再者，我讀東華大學時參加社區工作，學會怎麼與地方上的人建立關係，這也成為我與小孩建立關係的借鏡。另外，我也常常會想起從前在體制教育時，聽大人說「為什麼你就是沒辦法這樣呢？」所以，當我和小孩面對面相處的時候，自然會想尊重他們每個人的獨特性，也對他們反抗、消極、壓抑的負面情緒，特別敏感一點。

── 小孩本身就是我的田野

Q2 在地的田野現場，對兩位而言是什麼？

羅 我的田野應該就是我生活的地方吧，我不會帶孩子去我不認識的地方。我的課堂都在我個人生活所及的範圍內，而課堂的內容也來自個人興趣居多。我主要從事民俗文化研究，所以我必然是先經過調查、認識，並建立人際關係之後，才會帶著孩子進去。

林 我發現和小孩上課的時候，覺得自己更像人類學家，保持著大人的角色，從參與中觀察小孩，慢慢看著他們長大、了解他們的文化、談家庭的轉變……我甚至會記下小孩的反應，如同以前在寫田野記錄一樣。課堂上，小孩成了我觀察的對象，小孩本身就是我的田野吧！

羅 這我有同感。我也常用類似角度去觀察小孩，無論是上什麼課，小孩的第一線反應都要放入考慮。我覺得大人常一廂情願，忽略小孩群體真正關心的議題，像是夾娃娃機、打電動、湯姆熊、罵髒話……很多人眼中這根本不值一提，但在小孩眼中卻有很多價值，往往可以啟發教育者。

林 對對，在走讀台灣史時，我們很常在台中市穿梭，小孩只要看到7-11或夾娃娃機就會想去，他們會去研究貨品的擺放、機台的位置，為何放這裡，或不放那裡，為何有些店有，而有些店沒有，又哪裡可以撿到零錢……等等，小孩因為很常去，所以調查的很熟，生出很多事情來研究，是意外產生的課程。

羅 小孩的「代間距離」（指世代差異）越來越擴大，別說大人了，連高中生也搞不懂小學生了，如果你沒有一直蹲田野，像個人類學家一樣，你永遠不知道他們在流行什麼。

Q3 如何引導或運用在地素材成為課程？

林 我常利用城市來上課，去年9月到今年1月設計「溪」主題的走讀課，帶著一群7~9歲的小孩共同走訪了鎮平溪、南屯溪、筏子溪、麻園頭溪、旱溪、大里溪、頭汴坑溪、烏溪，並透過自創桌遊引領小孩分析溪流形成的原因、溪流的影響力，帶著小孩在知識中走遊。

林 台灣史講到白色恐怖時，我會帶小孩去事件重災區的台中教育大學，並且實際拜訪政治受難者；而在反送中運動期間，我們向孩子解釋香港的社會運動，並且帶他們去看台中的「連儂牆」，剛開始有小孩表示很害怕、不願意去，但真的到現場與香港人交談之後，他們了解這個運動的意義，後來還設計海報聲援，轉變超級大。

羅 我也會盡量設計一些可以走入社區的活動，例如：採訪、行動、表演或是參加庄頭活動等。另外，我本身是教育政策的諮詢對象，同時也是議題的發聲者，一直想促使更多家長或教育工作者加入，談論不同的在地教育；以前曾經辦了好幾場議題型講座，邀請文學家、社運人士、海外教育者來談，談的內容五花八門，有海賊、戰爭、台語文、西拉雅、陣頭與家將文化等，後來又與社區大學合作開發實境遊戲，都是希望可以把在地議題與成人教育串連起來。

林 在地連結的意義，應該是搭建小孩與社會的橋樑吧。當小孩生命中有不同元素，懂得思考自己與別人的關係，當自己成為權力者的時候，會知道怎麼去對待別人，當自己沒有權力的時候，也知道怎麼去爭取。從不同角度切入，你看到的東西會有不同光澤，我們的工作是引導小孩去看到。

快問深答Q&A

Q4 成立工作室與實作後，談談這幾年來的變化？

羅 我的運作前後差異滿大的，最早我是與家長成立自學據點，後來大家各自有其他規劃，所以我把自己定義為「打開台南教育的空間」，想做培育教育工作者的基地，但培育了五、六個人，最終大家都沒留下，花費的心思、租金、時間沒有收穫，也覺得經營獨立空間很麻煩，所以這兩年我比較專心在課程規劃，比較不想做培訓工作了。（嘆口氣：直接交給組織吧！）

林 目前工作室走到三年，初期主要與附近家庭合作，當時自己的經驗不足，課程結構比較鬆散，為了了解小孩的需求與學習模式，花了很多時間去摸索。第二年有了經驗，我們共有三位工作者，負責十多位孩子，但越來越多的家庭加入，又發現不同年級的需求不同，漸漸理解出滾動式的教學方法。到第三年，本來的自學團隊解散，我也很明確知道自己想和小孩互動的內容，所以規劃出課程平台，把一堂一堂課明確定義出來。

羅 另外，初期與現在來上課的孩子，類型也不太一樣。剛開始來的都是有上學的，現在主要是自學的孩子居多，在學的孩子是發了瘋想玩，但自學的孩子是發了瘋想學，兩票人差異超大，所以課程內容的調整幅度也很大。

林 真的耶！我遇到的狀況也一樣！有在上學的小孩與自學的小孩，需要的東西完全不同。

羅 以前面對在學孩子，我抱持著「打開學校教育視野」的理想性，幻想自己可以打開他們的心智，但真正走過一次就知道……長時間學習是一種不正常的行為，在學孩子需要的不是學習，而是好好放鬆，讓他們用力玩是最好的。與其要他們「課後輔導」，不如讓他們多玩幾場電動，多玩幾場鬼抓人吧！

——長時間學習是一種不正常的行為

——教育者到底要介入多少

Q5 身為在地的教育單位，有想要達到的目標嗎？

羅 我現在不太講這種事了……在地教育工作室可以達到多大效果，我現在不會想得太大，跟以前不同。

林 不管是據點或是工作室，大家多少都會遇到挑戰與困難，何時可以開出花或結出果，真的也不知道，所以當前最要緊的目標，就是想辦法活下去囉（笑）。

羅 首先是覺得大型目標很難達到，再來是我個人有很多想要突破的事。譬如，我想開台灣平埔族群的課，這意味著我要先拓展自己對於平埔族的研究，還有我最近也同時在研究哲學課，因為我帶的孩子程度已到大二、大三，快要突破天際了……（顯示為痛苦地快樂著？）現在我比較想做自己會開心的事，如果還可以影響一小批人，這樣就很不錯了。

林 士哲對於研究的熱情，讓我想到在備課的自己……因為我很懶，如果只是自己研究議題，我應該是沒辦法持續，可是為了在課堂上與孩子分享，我竟然可以不停深入探討，而大家在課堂上的互動，也讓我覺得很刺激、很有趣。

林 還有一點我和士哲不同，可能是我還沒受到很大的挫折？我還是期盼可以有一個地方，可以適合小孩活動，可以和小孩浸在裡面，長期去感受他們的變化。（目前工作室與住家在一起）

Q6 認為什麼是合作式教育？

羅 真的很不好意思，合作教育這個詞可以算是我發明的……剛開始，我是為了定義我們的行動，所以創造了這個新的詞彙。

羅 合作教育的由來，主要是我很不喜歡一句口號——「與孩子一國」，我常看到很多教育工作者，面對家庭功能比較弱的孩子時，企圖扮演取代父母的角色，我認為這是很不好的現象。所以我把教育工作者應該警惕的界線，畫出「教育者—家長—小孩」的三角形，成為合作教育的基本想法。

羅 不過真的進行下去，發現大家還是很仰賴教育工作者……

快問深答 Q&A

林 真的……。我們工作室成立，第一年都是共學家庭，大家相處得很融洽，可是第二年新加入的成員，提出合作教育模式，嘗試之後發現「有點動不起來」，為了達到群體目標，大家搞得非常疲憊，又充滿挫折感，所以最後還是回到自己的方法，現在就走自己的課程。

Q7 最後，請透露最享受和最討厭和孩子在一起的時刻。

林 我覺得最享受是自己分享的主題得到共鳴，或是小孩自動自發延伸，像是我們在228事件的探討上，曾帶小孩去拜訪近百歲的鍾逸人先生，而小孩最大的驚訝竟然是：世界上竟然有這麼老的人！之後，所有歷史問題，小孩都以老先生為尺，甚至還自己做了影片與小書介紹老先生，令我非常感動。

羅 我最享受的，當然是和小孩講各式各樣的廢話！最討厭的，是處理與霸凌相關的事情，要擔心的細節很多，非~常傷心神。

林 沒錯，處理小孩之間的紛爭很累。小孩之間的相處有很多規則需要溝通、討論、拉扯，可是有些小孩不想要討論或是不想要拉扯，這處理起來就會相當累人，一方面要照顧被邊緣化的小孩心情，一方面也要去了解邊緣他人的小孩立場，教育者到底要介入多少，有各種掙扎。

羅 受不了時，心裡會大喊怎麼還不快點下課呀！但一段時間不見，又會很想他們。（不過比較不想和大人聊天喔，家長的焦慮太可怕了！）

林 想來想去，不如用比較放鬆的態度去面對吧。

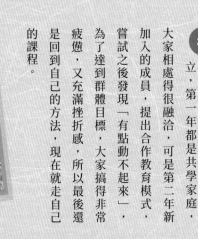

空間基地

插畫—吳怡欣

用孩子的眼睛、手和腳，
觀察摸索城鄉空間，
讓生活環境有不同的想像，
一起探險未知、創造行動，
長出感官與動手做的能力。

空間基地

蹲下來，看孩子眼中的世界

文字、圖片提供—眼底城事編輯室

「如果從95公分高的視野來觀看城市，你會有些什麼不一樣的經驗？」

這是荷蘭的伯納德凡里爾基金會（Bernard van Leer Foundation,BvLF）長期關注的問題：甫出生至五歲的兒童，他們在城市中的活動狀態，以及如何形塑友善兒童的空間。因為當我們蹲低、轉換一個視角，城市規劃的樣貌將會有所不同。

2016年時，我們曾申請「信義房屋全民社造行動計畫」徵選，提案在台北市同安街87-1號的閒置空地，打造一個兒童自己手作的公園。

當時的時空背景，是公園裡普遍多為單一且相似的罐頭遊具，有一群倡議兒童遊戲權利的媽媽，組成了「還我特色公園聯盟」（簡稱特公盟），而身為城市規劃專業者的我們，也被倡議的聲音提醒了：過去我們從未站在孩子的角度思考，他們眼中的城市空間是什麼樣子？在住家與學校之外，城市的街道、公園、閒置空間……等地方是否有適合兒童的空間？

同安街手作公園的計畫，是我們與特公盟第一次合作，帶來不小的思考衝擊。像是如何安排工作坊，了解孩子在想什麼？如何與孩子對話、理解他們？如何設計活動促發孩子去觀察、摸索空間，讓他們對環境能有不一樣的認識角度與想像，從而在這些經驗中長出對地方的歸屬感。

在這段歷程中，我們總結了對兒童遊戲空間的觀察：孩子需要的是自在的遊戲空間，而不是被訂製的遊具。以及，參與式的設計與施工，能讓居民與孩子一起培養出對空間的情感。

這段專業者與兒童對話的經驗，仍在我們團隊中延續著。這幾年在台灣各地，也陸續有孩童營造空間的行動值得關注。城市的行動，協助孩童運用空間來遊戲、社交、延續鄰里關係；而鄉村的行動則多著重讓孩子貼近土地，長出感官與動手做的能力。

這次，邀請四個單位分享各自的行動中，是如何進行以兒童為主體的空間觀察和營造。不論是城市或鄉村，從中萌芽的鄰里關係、大人與兒童的協力經驗、或是具有實驗精神的快閃活動，都會是落在孩子心中的美好種子。

新北·新店

我們的院子—新店博愛街

用實作打造大家的院子

圖片提供—我們的院子—新店博愛街

「如果你住家旁出現了一大塊綠地，你會做什麼？」一群媽媽捲起袖子，帶著孩子參與，吆喝鄰里加入，在芒果樹下設置了一座串起社區關係的木作裝置平台。

這塊預計建設社會住宅的暫時綠地，位於新店博愛街25巷底，兩年多前，這群媽媽開始深入社區，與周邊居民及家長們辦理多場工作坊，討論綠地的使用現況和改造想法，同時和「創藝樹兒童建築教育團隊」合作，從在綠地構建出等比例的實驗模組，邀請孩子觀察各種使用樣態及遊戲行為；到在桌上利用棉花糖和義大利麵組合建構，做出構造物的模型；再回到綠地進行親子共同施作，產出了兼具美麗外表與休閒功能的藝術地景。

而因為平台的設置，綠地的使用者從原來的遛狗族群，陸續有長輩、有輪椅族、有親子加入，使用範圍擴大、使用率提升，鄰里因為搭建平台有共同話題，也因為不同的使用經驗產生人情味，逐漸貼近「我們的院子」的概念。

同時，圍繞在樹下的平台空間，也是媽媽們舉辦各式樂器體驗、肢體與環境創作、社區輕旅

行等親子活動的場域，成為社區中的一種生活景象，孩子的成長伴隨著平台地景變遷。

這中間，木作平台歷經數次維護修補，雖然一度以為綠地即將建設而暫停，設施也慢慢不堪使用而拆除，但今年媽媽們再次找到挹注資源，在收集兒童和社區意見後，舉辦地景重生木作工作坊，搭建了平台2.0。面對重生的平台，媽媽們仍然躍躍欲試，她們為環境、也為自己的孩子，希望有朝一日能保留這塊都市裡的大院子。

新北・汐止　Wawa空地樂園計畫

有wawa的地方都是樂園

圖片提供—Wawa空地樂園計畫團隊

長期投入汐止樟樹灣都市原住民兒少服務的至善基金會，2018年成立了「至善汐止Wawa森林兒少社區聚點」，一個以樟樹學區都原兒少課後照顧與

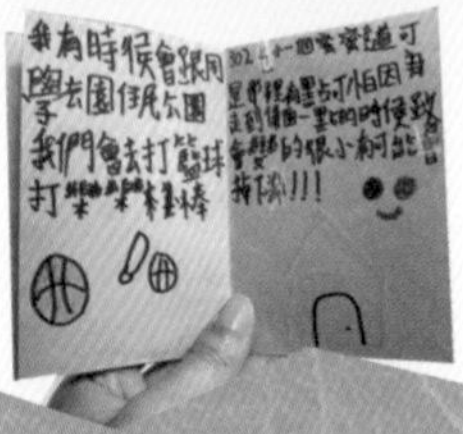

培力、陪伴親子幼兒家庭的社區空間，與阿美族wawa（孩子）互為主體，在日常生活中落實兒童權利，開展連結地方認同的社區計畫。

2020年夏天，與在地社群合作營造的「Wawa空地樂園」，即是將學校轉角空地營造成孩子們創造性遊戲的基地，嘗試透過共學、開玩、社區空間踏查等活動，藉此讓大家看見孩子們的需求，更串起友善孩童遊戲的支持網絡。

這項計畫不僅開拓社區對空間使用的想像，社區空間踏查活動更持續至今。由「至善汐止Wawa森林」的孩子和社工、在地社群「返腳咖」，組織起「樟樹灣Wawa社區空間探險隊」。大人邀孩子一起和社區耆老聊人的遷移及對空間的記憶，回顧此區土地開發的歷史及未來空間的使用規劃；同時，孩子也帶著大人去探索社區裡的各種巷弄角落，分享自己在生活中所看見的好玩、危險與想像。

探險隊的行動過程，也是一種認識都原聚落的過去、創造新的記憶的方式。雖然今年據點因都市更新而搬新家，但理念仍被實踐著，期待在樟樹灣透過不同的協力與合作，推動更多友善的改變，讓有wawa的地方都是樂園。

南投・埔里

安靜的好玩綠建築學校

大自然是最棒的綠建築

圖片提供—安靜的好玩綠建築學校

總被人問起為什麼要從台北移居到埔里的建築師與律師夫婦，創建「安靜的好玩」綠建築學校。起初是懷抱著綠建築的夢想，想為環境盡一份心力，花了幾年時間逐步打造成擁有一小片森林的低密度開發綠建築社區，有了最棒的現場老師，希望能將「適合台灣的綠建築」推廣給大眾。

為兒童開設的綠建築工作坊，在推廣環境友善的蓋屋法外，其實花了更多的心力讓孩子仔細觀察大自然，依循著「讓孩子認識環境，然後再認識自己，最後再自己認識環境」的方法。聽起來抽象，其實就是希望利用社區的環境優勢，透過體驗大自然，引導孩子的直覺化為創意。

在課程中，讓孩子感受周遭聲音及身體感知，太陽從哪個地方升起落下？白天跟晚上的風從哪裡吹來？聆聽動物的叫聲、注意水的流向，無關對錯，用任何形式表達出來。創作時，透過自己的身體構造丈量尺寸，進而利用身體尺寸學習人體工學，運用自然材料進行立體化思考，無論是過程或成果，都看到孩子的獨立性與想像力。

「大自然是最好的綠建築」，一句來自小四兒童、參加完活動說出的話，帶出創辦人夫婦十多年來「以自然為師」的精神；綠建築專家想說的，不只是從建築技術面思考如何興建綠建築，而是仔細閱讀每一塊土地，與環境親近。

蓋綠建築是一種用心體會生活的狀態，在綠色社區內、枝葉間灑落的陽光，感受人與自然共處。

屏東·獅子

雙流國家森林遊樂區

實現在森林 當小泰山的夢想

圖片提供—屏東林區管理處

位於南迴公路旁的雙流國家森林遊樂區，不僅僅是被山林環繞的遊樂區，今年4月的兒童節假期也搖身一變，成為孩子們的遊戲場。

園區內利用現地倒木及外來種樹木，搭設一座依靠大樹的樹屋，並且利用這些木材與枯幹製作平衡木、翹翹板等設施，讓這些遊具就像樹木倒塌後形成的天然體驗場域；另外，園區內還以外來種植物銀合歡搭建鳥巢，可作為孩子的祕密基地。

這些有趣、親近森林的體驗，來自屏東林區管理處育樂課的人員與其他領域的夥伴共同策劃。企劃初衷是想要完成小時候的夢想，如搭建樹屋或當個小泰山在森林裡冒險，背後想法則是想為孩子打造有別於城市罐頭遊具搭建的遊戲場，以實際行動試圖碰撞台灣常將既有風險責任全歸為政府的認知。

公務機關執行這類型的實驗計畫，通常需要多方面考量，包括安全性、效益評估、遵循採購規範等，企劃團隊認為身處育樂課的職責分權，如果不能創造自己覺得好玩的型態，如何能讓來玩的民眾也覺得開心？

帶著這樣的心情，利用雙流森林遊樂區創建出森林小泰山的自然遊戲場，企劃與執行期間雖碰到許多需克服的困難，然而收到來自家長的回饋與孩子的笑容，都將這些情緒轉化為前進的動力。他們也期許未來透過更多公眾的參與，啟發對環境、土地的歸屬及認同感，能以更貼近公眾的需求，發揮森林價值。

眼底城事

由幾個熱愛空間的專業者組成，想藉由搭建一個媒體平台，讓大眾與專業者能藉著書寫，分享不同的空間經驗，交流彼此對於城鄉議題的觀察。

閱讀完整案例

我們在這裡老去、回歸大地

我們的移居是從城市到鄉村，十年來經歷了學習與在地人溝通，實踐自力造屋、食物森林，也藉由分享自身生活理念與經驗，讓更多人有信心回歸土地，生活圈也從個人擴展到有相同理念和生活方式的社群。

我們在這裡，為自己創造了故鄉和家園。

文字—江慧儀
攝影—李忠勳

Another 移住者告白 Life

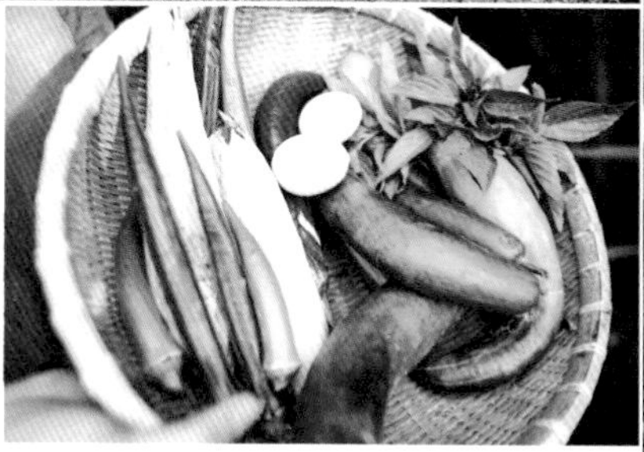

告白者

慧儀 & Peter

認為自己是地球這艘太空船的旅人、過客，因此將工作室取名為「大地旅人」。以樸門永續設計為指引，在台東東河營造生態家園。

我們兩人都是在都市長大的孩子，也都是家中的老么。Peter成長於美國威斯康辛州政府所在地Madison，是一個人文薈萃、思想較前衛的大學城。在大學植物園旁優質住宅區長大的他，下課喜歡往城市邊界的森林探索，骨子裡一直是個在大自然才會自在的孩子。我們認識的時候，我家還在新北市板橋很擁擠的舊巷弄公寓中，他常開玩笑說我是「在板橋長出的環保份子」，意有所指地認為，在那樣（不適人居的）環境中長大的人，會投入大自然懷抱好像是件難得的事情。

　我也確實從小就與自然很疏離，因為那從不在成長的經驗中。事實上，一直到23歲冒險的天性引

考驗自己的耐心耐力，
也考驗著理解他人、理解土地的能力。

著我離開台北，到雲林麥寮教英文的第一份工作才開啟我的自然天線，還沒有六輕的年代，麥寮有著一種滄桑美，無論是夕照、星空。至今我都還記得那時晚上空氣中土壤的味道……台灣鄉村單純的美，美到讓我許下一個為環境而工作的心願，一直到現在。

二十幾歲的我們，因為有著對環境與地球相同的關懷與願景，很早就開始萌發有天要移居鄉村、仰賴土地而生的想法，因此，目前的狀態是一直照著當年的感覺與內心想望而發展。

移居台東前，我們在台北住了十年，從事環境教育以及城市的樸門永續設計（Permaculture）教學。因為生活中不能沒有自然，即便在繁華都市也選擇公車（最後一站）可以抵達的郊區，以便享受城鄉邊界帶來的好處，每天跟多數人一樣穿著不會招來特殊眼光的衣著，搭公車到城裡上班。回到家，就能看見山，假日就在山裡走走、在屋頂闢個小農園生產食物、練習收集雨水，準備哪一天如願搬離台北就能用上這些技能。

住台北期間，我們經常到台東

探訪老友，順便尋覓有緣的土地。會鎖定台東是因為台東有台灣最多元的民族與生活文化，當然，太平洋的海與海岸山脈也召喚著我們。但其實這些選擇的背後有一個嚴肅的，且最重要的原因：我們從年輕時就很關心能源、地球暖化、氣候變遷的問題，深感人類社會不能再維持高度仰賴資本主義支撐的高耗能生活。所以，「用自己的力量創造生活所需的所在，包括自耕自食、有效率的能源使用、資源自主率高到足以防災的韌性生活」，是我們的目標。

尋找新家園的八年間，發覺似乎永遠追不上土地價格飆漲的速度，從30歲到37歲，我們漸漸感到不耐。當覺得無法再等待那一塊「最好的地」出現時，它就出現了。它不是一般人眼中最好的地，但卻是當時兩人工作近十年唯一買得起的一片荒地。此外它雖沒有東海岸無敵的海景，但大小剛好，朝南、北面有小屏障，對於種植、太陽能的使用都有天生的優勢。想看海時，剛好有理由每天散步到海邊。

移居、轉型的過程相當漫長且充滿考驗。考驗自己的耐心耐力，也考驗著理解他人、理解土地的能力。找到土地後的前兩年，我們還被工作綁在台北。心裡想，讓雜草自由生長也是一種修復土地的方式，沒想到，兩年後再次踏上這塊土地，眼前所見，並非想像中長滿茂密的雜草，而是光禿禿枯黃一

片……對照周邊地景，可想而知，一直有人在我們的土地使用大型機具翻土，甚至在周圍噴灑除草劑，且他們認為這是在幫忙管理土地。

當時我們氣急敗壞、想找「好心的鄰居」理論，卻換來一口吐在我們面前的檳榔汁。如果要說移居有什麼挫折或不適應之處，鄉村廢耕地的除草劑濫用應該算是最早的文化衝擊吧！當時才發覺作為新移民，學習與不同成長背景的在地人溝通，需要更多的同理心與嘗試從他人的角度理解。即便心裡知道如此，不同價值觀與理念之間的溝通過程仍是充滿挑戰，至今十年來也還在學習。

在建造家園的初期，我們仍處在生活與經濟的轉型期，台北台東兩邊跑，但在鄰近的村子裡租屋，方便每次回來就近開始種樹，同時利用果樹成長的時間以所學專業——樸門永續設計的概念，來設計未來家園的樣貌。包括房子的方位如何與陽光路徑搭配、水資源的循環設計、食物森林區與一年生菜園區的配置、動物系統的安排等等……。由於實踐自力造屋，房子的一切幾乎都是由自然素材與二手材料親手打造，因此等到幾年之後有了牆壁，才得以搬進來生活。

待一切生活所需資源都差不多到位，我們也愛上這片土地，每次回台北就想馬上辦完事情離開。同時，我們也開始在自家舉辦樸門永續設計的培訓課程，將專業（也是生活理念與方式）分享給更多人。每年也會舉辦數次專業培訓課程，在疫情之前，有些學員會遠從不同的華語地區國家前來參加。由於這樣的基礎讓我們不大需要再回台北

人生的開展與潛能發揮，以及被大自然滋養的生活真的超乎預期。

工作，可以專心地經營這個家園，讓它持續成長為一個永續設計的示範基地，在生活與經濟之間取得微妙的平衡。

移居的十年，偶爾會駐足回想這段歷程。曾短暫惋惜過因為移居鄉下，新台幣收入與世俗眼光下的發展機會似乎變少，但很快地就會發覺除此之外，人生的開展與潛能發揮，以及被大自然滋養的生活真的超乎預期。

移居後的我們學習了善用陽光熱能烹飪、光能發電、百分之百以雨水過生活；學習從土地到餐桌的自耕自食歷程，包括保存和釀造；學習照顧與餵養動物，取得一些動物性蛋白質；而透過提供蜜蜂一個安全無毒的自然環境，與牠們分享少量的蜂蜜作為一天當中少量的糖分來源……。

社群之間的互助合作，才會讓自給自足成為可能。

這一路雖然曾有起起伏伏、甚至些微不安感，然而隨著家園的食物森林成長、動植物、昆蟲相愈來愈多元豐富，坐在農園前的椅子享用下午茶時，經常看著農園中飛舞的各種蟲蝶、四處停棲的鳥兒、漫步園中的鴨鵝吃草……看到出神心也跟著安定了。移居至今，已可以說沒有後悔過，特別是在疫情嚴峻、世界局勢巨變之下，慶幸當時做了離開城市的決定。

鄉村生活中家戶間的距離廣闊，但社群間的連結卻相當緊密。我們的社群生活圈除了當地原有的阿美族傳承與自然資源之外，20年前一群藝術家進駐糖廠開始，帶來藝術創作的動能，歷經不同年代多元人流所促成的演變，創造了東河這個小區域特有的吸引力。

豐富的藝術文化背景，近五、六年吸引不少國內外的新移民，這

有如兩面刃，一方面土地與物價持續飆漲，另一方面帶來很豐富的人際互動與資源流動。例如，在台灣可能很難找到第二個地方，能在一個小小範圍內品嚐到道地的各國風味料理，同時聚集許多熱愛手作、崇尚自然生活的居民。我們經常相互學習一些生活技能，或物資、農產的交換或交易。

幾年前一戶一菜的互動，促成我們與幾位鄰居一起發起了自助自治的小市集。市集大致跟著季節舉辦，隨性自在，沒有固定的名字，但很有在地性。只要符合友善、手作與零廢棄理念的產品，都歡迎來趕集。溫馨的小市集中，交易盈利似乎不是重點，分享多餘、交換種子、看看鄰居、玩玩音樂、聊聊近期生活樣貌反而是最吸引人的。也因為有這樣的社群能量流動，讓移居的我們更加體認到，自給自足的生活並不是由一個家庭完成所有的生活所需，社群之間的互助合作才會讓自給自足成為可能，也才會讓一個空間變成一個宜居的所在。

記得小時候過年，最羨慕同學們有一個「鄉下爺爺奶奶家」或者「老家」可以回去……雖然旅居國外時，兒時窗前的觀音山景仍會讓我懷念，但移居東海岸之前，在台北成長的我卻不知道自己的「故鄉」在哪裡。如今，在太平洋千百種藍、各種強度的風、海岸山脈土地的滋養下，我可以想像自己在這裡老去、回歸大地。這裡，就是我們的家了。

山坡邊的 鐵皮天主堂

走進地方

INSIDE of PLACE

盧昱瑞

高雄人，畢業於台南藝術大學音像紀錄所，以捕捉影像為志業，2005年開始拍攝紀錄片，題材大多圍繞在海港生活的人，偶爾也關注老房子和文化資產等相關議題

某日偶然走台22線，經過燕巢區深水－牧場路段時，瞥見邊坡上有一棟典雅的白色鐵皮屋天主堂，在斜陽映照、翠綠樹林襯托下頗為顯眼。這是隸屬高雄教區的燕巢聖女拉波萊堂，又稱「馬場天主堂」。

「馬場」的地名源自日本時期，因軍隊運輸需要馬匹，遂引進馬種來台飼養，設立了高雄州畜產會，而「馬場」就是昔日的深水農場，是當時重要的種馬場。戰後養馬事業也隨著戰爭結束，僅遺留下「馬場」這特殊的地名及面積廣闊的深水農場，近年因高雄師範大學和高雄科技大學的進駐，正逐步轉型發展成大學城。

馬場天主堂後方設有一座聖母山，其紀念碑立於1969年11月28日。因疫情因素透過電話，請益教友華大哥關於天主堂興建歷程，「現在你眼前看到的白色鐵皮天主堂已經是第三代了，第一代是紅瓦厝，位置在後方山坡上，目前還能見到遺跡喔！第二代是天主堂左側的那間工具間，第三代才是這棟白色鐵皮屋，已經改建20年有了，剛落成時我的結婚合影就是在這裡拍的。」

電話中，華大哥很詳實的介紹建堂過程，以及60年代在馬場設立天主堂的緣由。「那時燕巢有一些退伍榮民是天主教徒，然後岡山聖文生天主堂梅神父就請美籍神父來這裡宣教，後來就設立馬場天主堂和燕巢聖家堂，主日彌撒都是由岡山聖文生堂的神父來宣講；近期因疫情已影響教會，就較少活動了。」

一棟佔地約20坪的小天主堂，其結構形式頗為講究，以白色橫式壁板作為外牆，橘紅色的琉璃鋼瓦作為屋頂，天主堂建築體雖小，但仍保有Basilica的空間形式，有中殿拱頂，兩側有廊道，鋁門窗也有拱廊的圓弧裝飾，屋頂的不鏽鋼十字架做工也相當細緻典雅。

這間位處在燕巢馬場山坡邊的小天主堂，很值得尋覓走訪、聆聽夏蟬的聖樂詩歌。

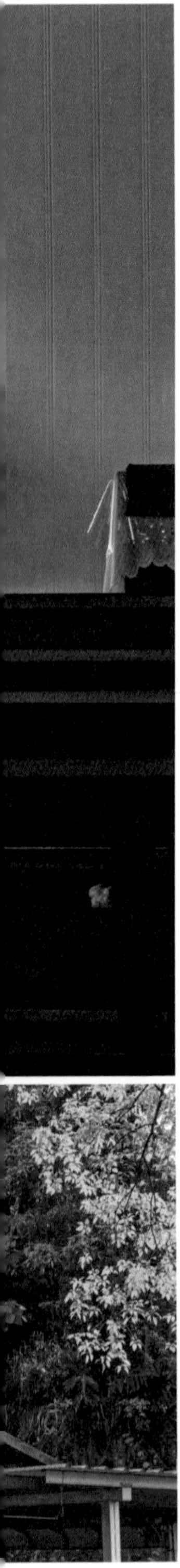

天主堂

親愛的柏璋

上次通信時，誰想得到疫情馬上就要爆發了呢？端午節已不能出門了，暑期營隊要不取消，要不改為線上，裹著藺草繩的粽子，竟成為少數可交流情感的物件了。

跟藺草一樣，無論竹葉或糯米，在植物分類上都不好辨認，我想先民是透過操作來細緻體驗植物的。最近剝著粽子，配新上市的竹筍，讓我想到，竹子雖四季常綠，但總覺是夏天的物產，我想就是粽葉加上筍子的緣故吧。

我們最常吃的筍是綠竹筍，桂竹筍多用來作筍絲，箭筍對我而言則更少見。其實台灣各處都有在地的竹筍文化，例如到了台東，才知部落愛吃莿竹筍，其他地區多半只用莿竹作防禦用途；台中太平區特產一種「皇帝筍」，是指山區野生的蓬萊竹，那是較小型的竹子，介於桂竹和箭竹之間。盛夏時，陽明山的包籜矢竹，也進入箭筍的採收季，要進入綿延的竹林，需要申請採筍證，還得有經驗的前輩帶領，才不致迷路。

原本7月時，想請住基隆的小蔡帶我去看當地特有的一種筍子，台語唸作「怕麻筍」，只產在基隆某幾個社區，網路上僅有零星資訊，看照片有點像台中的蓬萊竹，應是同一類群。

小蔡說，以前會跟阿祖一起去採「怕麻筍」，筍子細脆，不用刀割，直接折摘即可，但須現場剝皮切段才帶下山，通常要忙上一整天。這種需要團隊合作的採集，想必維繫了家庭情感，我想這正是她眷戀那筍子的原因吧。

疫情之故，想親眼鑑定「怕麻筍」的計畫只能延期。但我認真研究了其型態，確認是蓬萊竹一類

FROM
瀚嶢
新北・新店

黃瀚嶢
生長於台北，在城市間隙發現觀察野地的樂趣，從此流連忘返。森林系畢業後，從事生態圖文創作與環境教育，經營粉專「斑光工作室」，靠著偶爾路過的靈光努力生存。

八芝蘭竹

Bambusa pachinensis

的小型竹子，而文獻上唯一有「怕」這個發音的，就是「冇咸」竹（唸法是「怕含罵」，意指節間鬆軟），也就是植物誌記載的八芝蘭竹，說不定「怕含罵」跟「怕麻」，只是口音的不同而已。

八芝蘭是台北士林一代的古地名，其利用也似乎集中在北部，例如瑞芳、貢寮到宜蘭的防風竹圍，都常使用八芝蘭竹。其別名「米篩竹」，因為剖片大小剛好編織竹篩，也是個帶著操作性的俗稱。如此貼近生活的竹子，發展出竹筍的採食文化，我想也是很合理的。

跟包籜矢竹一樣，摘怕麻筍得要人帶，竹筍若不採集，竹林只會越來越密，越密就越難行走，越容易迷路。這跟在地文化一樣，得透過生活實踐來留存，越不操作，就越難進入，越難形成團隊，也更容易迷路了。

希望疫情快點趨緩，一起去找小蔡，看看那片神秘的竹林。

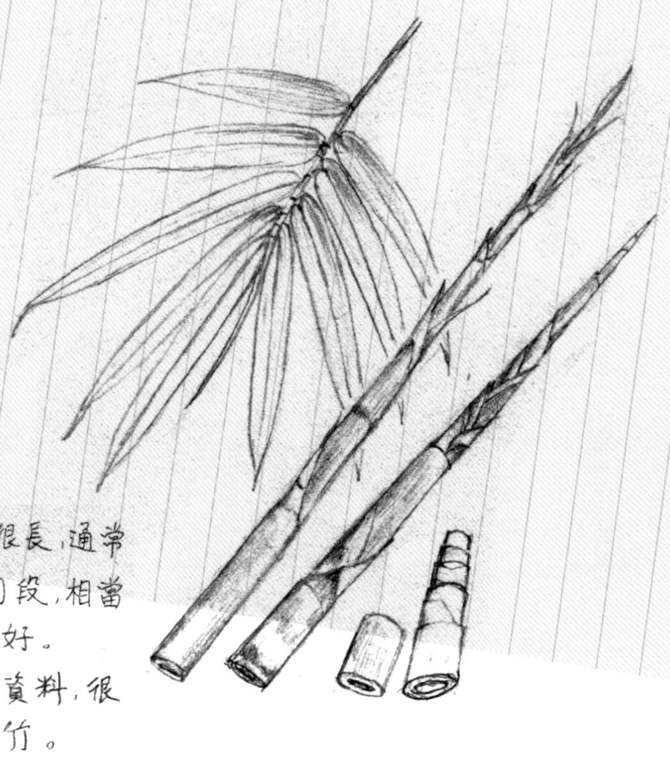

「怕麻筍」採下來時很長，通常現場就會剝皮切段，相當費工，但價格很好。
依據形態和分佈資料，很可能就是八芝蘭竹。

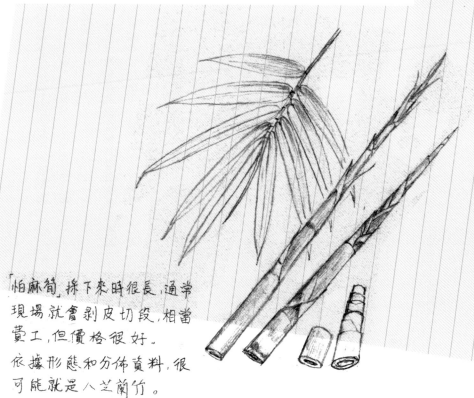

親愛的瀚嶢

昨天在菜市場看到成堆綠竹筍，馬上想起你的書信，順手挑了兩根回家做涼拌料理。冰甜的滋味、清脆的口感，果真喚醒曾經深刻的夏日記憶。這也讓我想起住在台南關廟的外公，數年前曾帶我走進他的綠竹園，介紹這種要在清晨挖起的「綠仔筍」，是很靠技巧採收的。

綠竹園附近是外公的三合院，那是一棟充滿古早味但荒廢多年的土角厝。走入室內透過損毀的木隔板往上看，能看見整面屋頂的樣貌：「主樑」是一根杉木，左右兩側的「桁條」都採用粗壯的孟宗竹搭建，而鋪在杉木與孟宗竹上面、用來承瓦的「桷仔」則以細長的長枝竹整齊排列。與八芝蘭竹同為蓬萊竹屬的長枝竹，同樣具有偏軟的質地，除了常被用做建材而有「桷仔竹」的別稱外，也是關廟地區早期盛行竹編產業的主要原料，不曉得八芝蘭竹和長枝竹編織起來手感有沒有差別呢？

這些故事在我們上個月的外來種植物線上課程裡已經講過，只是忍不住再分享一遍。想到綠竹、孟宗竹和刺竹這些與我們生活密切相關的竹子，居然都是從國外引入的種類，老實說到現在還是覺得訝異。相對來說，接受非洲鳳仙花、大花咸豐草等路邊野花的外來種身分可就容易多了。

提到非洲鳳仙花，讓我聯想到此刻在觀霧盛開的三種原生鳳仙花：紫花鳳仙花、黃花鳳仙花以及棣慕華鳳仙花。我和米奇近幾個月在觀霧籌備展覽，展場附近有幾叢棣慕華鳳仙花，最近開了好多花，驚豔程度不輸被引入作為盆景的非洲鳳仙花，總是吸引旅客停留拍照。

不同於非洲鳳仙花平展式的花瓣，棣慕華鳳仙

FROM
柏璋
新竹・新竹市

陳柏璋

熱愛山、攝影與書寫的野外咖，時常帶著相機與紙筆，在野地裡打滾整天。目前與一群好夥伴共創森之形自然教育團隊，試圖在人們心中埋下野性的種子。

棣慕華鳳仙花

Impatiens devolii

花花瓣圍繞成囊狀，彷彿是一座誘使蜜蜂鑽入的隧道，事實上也似乎如此。東方蜜蜂和威氏熊蜂是最常前來訪花的昆蟲，其中體型較壯的威氏熊蜂總是帶著喜感登場，鑽進花筒後會使勁往內塞、伸長口器深入花距吸蜜，過程中也不經意為鳳仙花傳粉或授粉。

至於熊蜂家族裡的小胖——精選熊蜂，大概有塞不進鳳仙花花筒的自知之明，從來沒看牠碰過棣慕華鳳仙花。這也讓我好奇，平地的非洲鳳仙花會有哪些訪花昆蟲拜訪呢？你有看過嗎？

剛剛提到的小屋展覽，就是在講這類發生在觀霧森林裡的生態故事。裡頭精選許多我在觀霧拍的照片，還有你、勻楷、錦堯、米奇的精美生態插畫，約個時間一起上觀霧吧，我們到展覽小屋拍張屬於作者的合照！

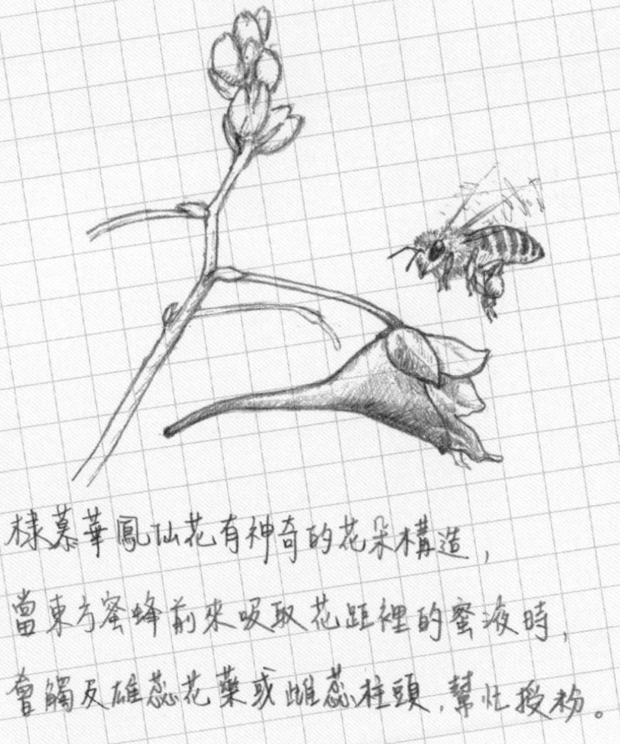
棣慕華鳳仙花有神奇的花朵構造，
當東方蜜蜂前來吸取花距裡的蜜液時，
會觸及雄蕊花藥或雌蕊柱頭，幫忙授粉。

集合囉！動森採集好工具

鄭順聰
最新出版華語散文集《夜在路的盡頭挽髮》。另有詩集《時刻表》、《黑白片中要大笑》，散文《海邊有夠熱情》、《基隆的氣味》、《台語好日子》，小說《家工廠》、《晃遊地》、《大士爺厚火氣》，繪本《仙化伯的烏金人生》。

插畫—Hui

疫情三級警戒在家，剛開始還很奮進，加緊寫作，努力健身，煮健康餐，保持開朗的心情……時日一久，就被慣性寵壞了，食予肥肥，激予槌槌。（Tsia̍h hōo puî-puî, kik hōo thuî-thuî.）還不是最慘的，手指一癢，就網購了台Switch。

最樂的莫非我家女兒，指名要玩「動物森友會」，一上手就瘋狂沉迷，我也跟著墮落了……挑好主角的頭髮與造型，坐飛機來到島上，聽狸克一連串囉唆的交代後，找了處空地弓布篷（king-pòo-phâng，搭帳篷），就此，展開島上新生活！

釣魚潛水變化多

島上生活真是爆忙，挖草花，採果實，撿樹枝，還要去跟島民探聽消息跋感情（puáh-kám-tsîng），任務多樣又有趣。與女兒討論步驟與策略，七嘴八舌的基本上是台語，撇開新事物與動森專有詞，有些女兒比較陌生的事物與用詞，尤其是家私頭仔（ke-si-thâu-á，工具），得刻意教導，甚至費心費時研究。

初期最基礎的工具有兩樣，不必花錢買，而是撿足夠的樹枝去工作台製作，首先來談「釣竿」。

台語怎麼說？

到台灣南北各地問台語人，會搜集到許多說法，魚釣仔（hî-tiò-á）、釣箠仔（tiò-tshuê/tshê-á）、魚篙仔（hî-ko-á）、釣竿（tiò-kuann）……說法還不只如此，同樣都是鉤起餌將線丟出，在神秘的背影前，讓浮標於水面浮沉，等牠游近來吮（tshńg，咬餌），跳動兩三下等浮標陡然一沉，及時按下A鈕揚竿，魚兒就活跳跳上鉤了。

捉魚除了用釣的，還可以去買潛水衣，往蔚藍的大海游去，見有泡沫浮出，就鑽入水中去撈捕，有各類魚鮮、海草與貝類等，甚至是價昂的珍珠。

身為台語的行家，猶如打開「生物圖鑑」，列出潛水的諸般說法：藏水（tshàng-tsuí），沬水（bī-tsuí），軁水（nǹg-tsuí），鑽水（tsǹg-tsuí）等……對我這熱愛玩水、搜集語詞的鄉下小孩來說，真是歡欣雀躍啊！

電動中的腔口差

除了釣竿，初期不必花錢的自製工具，還有捕蟲網，台語簡稱網仔（bāng-á）。昆蟲的總稱，可以叫蟲仔（thâng-á），或比較精準的說法：蟲豸（thâng-thuā）。

動森島上可捕捉的昆蟲種類繁多，常見的如蚱蜢、金龜子、蟬、蜂、鍬形蟲、螢火蟲等等，教育部「閩南語常用詞辭典」都有解釋，網路上資料也很多，只要善於搜尋，猶如Switch按鍵，功能多多。

若見蝴蝶翩翩飛舞，我抄起網子就去追逐，按下A，繽紛華彩的不知捕到哪一種——台語人過往是蝶蛾不分的（法語也是喔），可以說蝶仔（ia̍h-á）、尾蝶仔（bué-ia̍h-á）、䆀蝶仔（bái-ia̍h-á），文音直接讀蝴蝶（ôo-tia̍p）。

同時，若跟他方的朋友玩動森，還可以切磋腔口差（khiunn-kháu-tsha，腔調差異），尤其是蜻蜓，漢字是「田嬰」，漳州腔發音tshân-enn，泉腔則是tshân-inn。

然而，台語人日常的發音不會那麼清楚，而會連音成tshân-ne、tshân-ni，就像蜻蜓在田園或濕地挑起長長的尾巴，好似要把吹來的風也拈（ne／ni，輕輕取物）起來。

連線溝通語言島

俗語說：無家私，無師傅。（bô ke-si, bô sai-hū.），意思就是「工欲善其事，必先利其器」

啦！要在動森的世界悠遊，打造成喜歡的樣子，除了錢與哩數，更得善用工具。

現代人五體不動，尤其住都市，過於便利也失去能力，往往不知如何使用工具，其原本用詞更在台語的世界流失。我這最粗淺的動森菜鳥，整理出簡單的工具語詞，排列如下，藉由與女兒打電動熱絡感情，邊操作邊唸誦以熟稔之：

斧頭：斧頭（póo-thâu）。

彈弓：鳥擗仔（tsiáu-phiak-á）。

鑷子：黜仔（thuh-á）。

澆水壺：漩桶（suān-tháng）。

梯子：梯仔（thui-á）。

同樣的，這些詞都有不同的說法，跨出動森的世界，透過連線，也可以跟其他的島與台灣各地的人，溝通工具與事物的不同說法。語言是工具，電動也是工具，透過玩樂與輕鬆的心情，讓彼此的語言世界得以暢快交流。

不僅是集合，而是搭著飛機去到不同的島，用時間與耐心，來讓自己的語言世界繽紛精彩！

風土繫

和地方黏在一起的嘉年華

文字—陶維均
圖片提供—鬆勢三日節

談起未來的夢，劉孟豪和簡紫婷剛買一座屋，可以提供簡易劇場展演、辦共學論壇或深夜書店、賣在地出品的好襪子，最重要的是，讓想做地方事的人，有地方可以相聚暢聊。

一個「空間」因為有人齊聚而成為「地方」，一個「地方」因為發生感情而成為「家鄉」。這對伴侶不僅落腳彰化社頭，更想讓整個社頭凝聚成家。

我小時候住員林，讀大班的時候家裡變故才搬到社頭，但國、高中仍是通勤員林，放學就是戀愛、打球、自習……，待在社頭時間很少，考上台北藝術大學更少回家，社頭對我而言只是民宿。而且，小時候常被家裡的塑膠工廠叫去幫忙，同學在玩我在做工，週末還要接師傅的班從深夜做到早上，對工廠環境一直不是很喜歡，也沒把返鄉這件事放心上。

陶維均

1984年出生台北，國立臺灣大學戲劇學系畢，現從事工作囊括體驗設計、品牌規劃、地方創生、創意高齡及劇場編導、教學等領域。2019年創辦針對熟齡族群打造的線上廣播電台《有點熟游擊廣播電台》，累積聽眾超過千人。

六年前，劉孟豪的父親車禍休養半年，母親勸他回家幫忙。闊別工廠11年，他心想或許這趟回去照料父親之餘還能協助轉型，和雙親只談了唯一條件——閒暇時要放他去烘咖啡豆；他辭去台北的繪畫教學與咖啡師工作，領出存款投資一台烘豆機和一台咖啡機，就此踏上返鄉路。

他白天忙工廠，晚上就在廠房二樓烘豆子，也讓不分日夜嗜飲咖啡的鎮民有個地方來聚。如同許多從鄉村赴都市打拚的青年，心底深處知道自己會返鄉，但真正準備好之前不允許特別想家。當生意和生活逐漸穩定，鎮上同樣深夜營業的咖啡店極少，利基點是有的，況且讓客人擠工廠喝咖啡也不是長遠之計。等父親恢復健康回歸工作崗位之後，他向家裡提離職，搬到社頭鬧區租店面，和伴侶紫婷開了「豪珈琲」。

簡紫婷原先在台北當編舞家／舞者，生在桃園大溪的她親戚全在北部，從未設想移居桃園以南。剛住進社頭，她詫異大家往來都說閩南語，連咖啡店年輕客人也全程用閩南語分享生活近況。她費了一番功夫融入語境，才想起自己有多麼習慣台北、而忘了台灣不只台北。

想起自己有多麼習慣台北、而忘了台灣不只台北。

風土繫

咖啡店中午12點開門，晚上12點關門，每天11點起床，騎同條路上班。每週四公休是我們的共同時間，另外還有各自的輪休日，我週六，他週日。我們都很享受這種單一模式的小鎮生活。我很喜歡騎機車在巷弄、田埂晃遊，偶爾停車走一段路；我也喜歡固定到幾個小餐館買晚餐，彼此像家人一樣關心招呼；每天半夜打烊走在安靜的街，也是非常深刻的體驗。社頭生活步調雖然慢，其實離高鐵站很近、到台中或台北都很快。我物質需求不高原本也就滿適應鄉村生活，能擁有我們的工作場域、經營我們的品牌，是移居社頭最開心的事。

許多年來，社頭最為人所知的活動是「織襪芭樂節」，每年超過30萬人擠進小鎮。劉孟豪返鄉第一年，節慶那週末到來之前遇到客人恭喜，「這週末生意會很好喔！」，節慶當天卻空無一人，他猜想也許因為咖啡館在工廠二樓，原本就地點偏遠。第二年，「豪珈琲」已經搬到鬧區，節慶當天卻依然空城。第三年，劉孟豪和簡紫婷特地從高速公路鳥瞰城鎮，原來主會場靠近員林的果菜市場，大批車潮從高速公路、快速道路一路擠進市場，硬是錯過社頭；網路查詢節慶關鍵字，旅遊部落客推薦逛完會場去田尾、北斗，社頭在哪沒人知道。

公家單位辦那麼大、那麼成功的活動，卻根本沒把人帶進社頭，很奇怪啊！我們想從產業面出發去思考還能為社頭做什麼？讓大家看到社頭的精緻工藝和文化創意，看到社頭的美好。

也許因為我開咖啡店，聚集的客人大多是從事文化、設計或藝術工作的人，逐漸認識一群對地方有想法的青年，想說乾脆我們自己辦活動。有點像相對大藝術節的小藝穗節，活動遍布整個社頭，真正和地方黏在一起的嘉年華。

九位願意利用空閒時間投注心力的夥伴各就各位，第一屆「鬆勢三日節」籌備起始。很快他們發現，他們眼中對地方好的事，不見得大家都同意。

許多返鄉做地方事的青年都有特定的美學眼界和評斷準則，通常和公部門美學相違背。這背後不僅是世代差異，更是隱而未顯的品味差異。劉孟豪認為，問題很可能出在「想要別人喜歡我們也喜歡的事」，而不是「溝通一件彼此都喜歡的事」。

對地方好的事，不見得大家都同意。

風土繫

在談地方創生之前，應該要先談社區共融，先讓同樣關注地方的人、不分年齡區間都可以有效且有交集的溝通。我們的核心理念就是「絕不拿公部門補助」，不要被規範或制度綁住，靠自己去找錢，找不到就自己出錢。只有凡事靠自己，活動才會認真辦。

比如找在地企業贊助，不要只是你給錢、我出廣告，能不能藉機讓我們媒合設計師給想轉型或擴延的企業？能不能協助媒合幾個地方品牌打通路？只有讓在地企業有更長遠深刻的回饋，活動才能健康循環。

2020年的「鬆勢三日節」包括市集、工作坊、音樂表演和靜態展覽。展覽部分，團隊的影像工作者用紀錄片形式、請社頭耆老分享地方變革；工作坊部分，除了藍染、醬油製作，還舉辦讓社區銀髮長輩參與的馬戲雜耍課。市集分為三個主題攤位，且沒有餐飲攤，因為希望民眾走進鎮內填飽肚子，腳踏實地認識社頭。音樂表演會場則散落市區，包括爵士樂、民謠、原民樂團、布袋戲班……等各類街頭演出游擊出陣。

印象很深是我們邀請爵士四重奏在電子花車上遊街，副駕拿大聲公跟居民打招呼順便宣傳三日節，居民都跑出來看；另外，公園演出看到阿嬤帶孫子一待就整天，很歡喜很滿足；展場有個阿嬤每天帶不同的人進場參觀，原來她從小住附近，看到有年輕人重新利用這空間展出過去社頭的老照片、紀錄片，她很感動，幫我們大肆宣傳。每個當下的互動與交集都讓我們很感動。我們想讓居民知道生活周遭的人事物這麼有趣，原來彰化這麼多人才，原來這個時間在公園聽音樂這麼舒服……

今年即使疫情嚴峻，三日節依然朝年底正常舉辦的目標邁進。在既有的展演規劃之外，希望新增在地舖師流水席，吃社頭青農的食材，邀請參與者付費認養餐桌；另外也打算號召在地紡織、金屬、塑膠和加工業開放工廠，甚至提供一日工廠導覽，也讓活動更緊密貼合社頭人的生活。

這是三日節最核心的理念，也是台灣各地想辦類似活動的人都該放在心上——去呈現地方原本就有的、去轉化已準備好的，而不是新增外人期待的、流行風尚的或盲從潮流的。

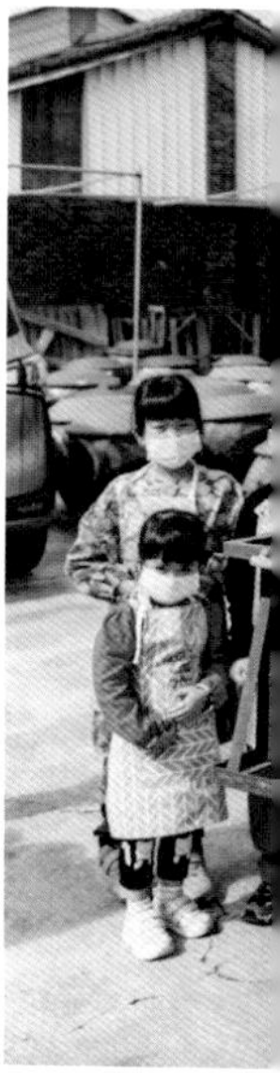

只有凡事靠自己，活動才會認真辦。

我們年輕人做地方事的課題就是放下，放下身段和姿態，不要只在網路上找資料，要親身去工廠、農地和商家跟真人溝通，去了解，去洽談，才知道怎麼跟對方打交道，才知道怎樣的活動是對「彼此」都好的。既然大家都想要社頭好，就要想辦法取得共識而不是自己喜歡就好。

我們的目標是辦一個自然而然、水到渠成的嘉年華。期待有一天，居民不再說三日節是「那群年輕人」辦的、而是「我們社頭人」辦的活動。

活法則

Vol.2

魔獸阿北是怎麼煉成的

文字、圖片—高耀威

有一天，長濱街頭快炒店的黑美人姊姊，在小阿姨早餐店喝飲料時跟我說：「妳知道長濱有一個魔獸阿北嗎？他很厲害，你要去認識一下。」，黑美人告訴我關於阿北如何用剩木料製作經典網遊「魔獸世界」裡的兵器，我聽了相當神往或說訝異，在真實世界打造等身大的虛擬世界神兵利器，這種超現實感，總能給人一種得到拯救般的療癒力量，簡單來說，僵化的世界終究必須由笨蛋來改變。

依約從台11線87．8公里處轉入田組部落，順著真耶穌教會的指標，就可以找到魔獸阿北的家，這是一棟約50年的老宅，當初阿北用Google Map街景勘查後再來現場看過，便決定落腳於此，所謂的安養生息，是從房子的各種改造工程開始。決定從台北移居台東，是因為八年前確診罹癌，醫生宣判只剩兩年的壽命，阿北看不慣現代醫療體制不把人當人的種種現實，那個無情的宣判對他而言是個嗆聲，也促成他轉職為魔獸世界武器店老闆人生的奏鳴曲。

大笨蛋!

工讀打怪練經驗值

「沒有治療不代表我放棄治療!」

「我可以死,但不能讓你們亂搞我!」

「有些東西叫God Made,那不是人能搞的!」

這個下午,我聽了很多阿北嗆很大的slogan,坦白說,內心非常爽快振奮,尤其是他在被嗆說只能活兩年後,又繼續活了五年,待過小馬一年,短暫北返後,就選擇定居長濱,至今已經四年。我想知道這些年發生了什麼事,更想知道他小時候到底經歷過什麼,打什麼怪能累積到這般經驗值,讓他成為現在的魔獸阿北。

阿北在南方澳出生,從小與外婆住,親人皆以打魚為生,求學時,母親順著他的興趣建議去台中念明道中學夜間部美工科,白天四處打工、半工半讀的那三年時光,便是他賺取經驗值的重要啟程。畫電影看板、雕塑、烤漆、電鍍、藝品設計,半年換一個工作,一邊練習一邊試探自己的興趣,有一次烤漆工廠的師傅請假,他毛遂自薦上陣調色,把球鞋的孔環調出與鞋帶一樣的顏色,那時可沒有電腦選色,全憑經驗與天賦。

剛準備進入社會,帶著簡單行李上台北找工作,抵達一間招牌工廠時已經傍晚6點,廠長還在加班,稍微說明工作後就要他等一下,沒多久回到現場,他已經幫忙

lumb, and that's OK.

高耀威

40多歲的人，著有《不正常人生超展開》一書，目前經營兩間店，一間是位於台東長濱的書店「書粥」，一間是在台南的共同工作室「白日夢工廠」，每月底會營業幾天「寂寞食堂」，持續練習另一種活下去的方法。

把廠長手邊正在進行的工作做完，用蠟筆手寫字，再刻好卡點西德，當場完成一間五金行的招牌，立刻被錄取隨即住進工廠，一年後，廠長離職創業，他就被升為廠長了。

思考最基本的事

「為什麼第一把兵器選擇打造『霜之哀傷』啊？」，我把場景又拉回長濱的海邊。

阿北說：「因為那是玩家不能擁有的，是NPC（非玩家）持有的武器。就想要啊！所以只好自己做一把。」，把當時改造房子剩下的木料回收使用，拿雕刻刀找網路3D圖檔自己造劍，完成後拍照放上網，阿北在長濱海邊自製兵器的能力於網遊圈傳開。由於一方面可以解悶，一方面會讓人覺得開心，便開始投入兵器製作，接受藏家訂製，也有遊戲公司找上門來，合作拍攝製作影片，2019年還受邀至台北華山1914文創園區舉行的「魔獸世界」15週年派對中展出，派對中有個義賣活動，將款項捐給「Teach For Taiwan為台灣而教」，阿北也捐出提供展示的十把兵器參與義賣。

大笨蛋人類的基本性格筆記：做的事是自己喜歡，能讓他人由衷感到開心或興奮感。

後來，在他的工作區我們廣泛地談各種事，應該不能說談，因為我只是靜靜的聽，一邊聽一邊感受魔獸阿北的世界。談教育時他說：「我看電視幼幼台的孩子說：『長大要當醫生，賺很多錢，買房子給爸媽住。』，當醫生的目標怎麼會是賺錢，當醫生不就是要救人嗎？」；談科學時他說：「投石到水裡的因，造成濺起水花之果，什麼原因就有什麼結果，這不就是科學。」；談環境時他說：「在地球上生存能力最強的絕對不是人類，地球暖化讓某些物種消失，或許也讓新的物種誕生。」，話題還陸續延伸到宗教及太空。我從他對世界的提問，感覺到身而為人的謙卑與生命力，有種很本質簡單的流動與循環。

大笨蛋人類的基本性格筆記：思考最基本的事，秉持最單純的起心動念。

「如果你看電影時一直想著何時結束，結果中間演什麼你都不知道。」這是阿北在跟我聊生命意義時說的話，呼應面對癌症的心態：「不要管長度（生命），把現在好好的活」。現在他沒事就玩電玩、寫書法、畫畫或在網路上罵人，具有「魔獸世界」16年資歷，從遊戲裡察覺新世代追求快速效益的趨向，有些憤慨，看到年輕畫家在網路上發表青澀作品尋求掌聲，或花錢在酷炫畫具上，他用24色雄獅色鉛筆畫了幾張圖表達態度，說著轉身從屋子內拿出幾張畫稿，我看了眼睛睜大、下巴合不太起來，「該提升的不是工具，而是能力！」、「（自問）畫畫是為了什麼而畫？就是為了想畫畫……」，隨口又嗆了這幾句。

前陣子鄰居農民種的洛神花滯銷，打算拿去餵雞，他提議晒成乾後，幫忙在網路上賣，賺了一萬塊。在山裡自學的一家人出書時找他幫忙設計封面。他也曾想教孩子些技藝，弄個講堂或組個樂團，提供家裡的keyboard、吉他、小提琴、黑管、薩克斯風、爵士鼓讓大家來體驗，「給他們多一個選擇，沒有能力，就沒有選擇！」，接著又嗆出這句。

跳脫醫療體制，拋開功成名就，捨離汽車房產，落腳海邊小屋，生活養息之餘，製作魔獸世界神兵器，思考世界運行的本質，最後我們的話題以自由自在結尾，阿北這樣說：「我有辦法讓地球為我慢一秒嗎？有辦法讓花為我而開嗎？但我可以為自己而存在，這就是自在。存在大千世界是無拘無束的，沒有所謂的自由，只有自在。」

這樣，就知道，魔獸阿北是怎麼煉成的吧？

at's OK.

好蝦囧男與他的甜鑫

文字—張敬業
攝影—張安儂

自疫情三級警戒以來，線上會議工作已是家常便飯，但也因宅在家忘記地方生活感，這次出發前做了一下線上田野，決定帶著空拍夥伴——安儂一同前往，從空中捕捉雲林沿海的魚塭地景。順著台61西濱快速道路南行，養殖魚塭、巨型風機、綿長潮間帶，這些專屬台灣西部沿海的景緻，就在接下來的路程陪伴我們前行。

這次的主角「好蝦囧男社」的李富正（後稱阿正），雖然早在2011年在雲林故事館服務

張敬業

2012年返鄉成立「鹿港囝仔文化事業」，透過社區參與的方式重新認識家鄉。2015年籌辦今秋藝術節，讓人們重新對鹿港有新的想像。近年著重地方青年培力，計畫建構返鄉及移住青年的地方支持系統。

時，就已經聽聞「八個男孩改造豬舍養殖無毒蝦」的故事，但一直只聞其名不見其人。這次拜訪不是要說一個好蝦故事，而是為了今年成立的地方創育品牌——「好蝦甜鑫」，至於為什麼是甜「鑫」，先賣個關子，文末再來揭曉。

為好蝦全面打造陸空戰線

下午2點，我們在約定好的時間抵達，一車從凌晨3點就開始捕撈作業的工人，剛離開魚塭。結束工作後，阿正從冰箱拿出兩瓶冰涼啤酒，親切招呼著我們。雖然網路上可以找到兩千多則，關於好蝦囧男社的新聞報導及部落格文章，但還是簡短認識一下他們的故事吧。

2010年剛退伍的阿正，回到家鄉水林參加同學會後，與三五好友一共八個囧男，在毫無養殖經驗，只憑著想要重振地方的熱血，改造家裡豬舍，開始養殖無毒蝦，2011年以「好蝦囧男社」出道，開始熱血的創業之路。然而組隊過程並不順遂，除了阿正以外的七位夥伴，都在走不出新路的撞牆期另找其他出路。最後剩下阿正留在水林，繼續「好蝦」的故事，在經歷生產出無毒好蝦，走出撞牆期之後，接著面對的是銷售這個新關卡。

想要解決台灣農漁民，長期受盤商不合理收購價格的問題，就得運用新工具開拓新的市場通路。1986年出生的阿正，從傳統路

地方

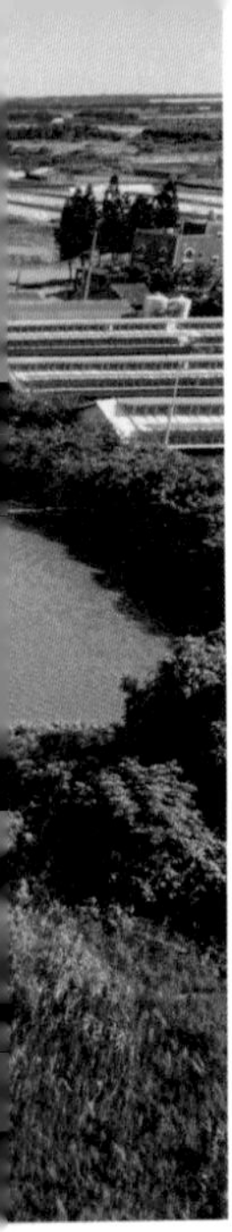

線參加食品展的「陸戰」，到運用網路社群媒體的「空戰」；從無名小站時代開始打出名聲，後來的臉書直播賣蝦，再到各大媒體的地方專題、行腳節目，阿正把握任何可以宣傳品牌、推廣地方、展售好蝦的機會。幾年下來，光是媒體宣傳就省下近二千萬的行銷費，轉換出來的效益與能見度，也讓產品被貿易商相中，現在日本及美國的超級市場都能看見好蝦囧男的蹤跡。

從個人走向地域品牌

十年的在地練功，好蝦囧男也升級到2.0版本，從單一品牌走向地域品牌的養成。阿正認為只有自己好還不夠，要大家一起好，地方才會更好。秉持著「共好」的信念，今年很幸運爭取到「在地青年創育坊新銳組」的資源，也因想跟著地方青年夥伴一起前進，全新的創育品牌「好蝦甜鑫」粉墨登場。

雖然目前培育機制才剛起步，5月份的工作坊也只來了五位學員，不過卻成功媒合學員，發展出「烏魚子肉粽」商品，並且藉由好蝦囧男多年累積的媒體人脈，成功行銷地方物產，在今年端午節成為熱銷商品。這樣立即的成果，給足剛起步創業及待轉型業者滿滿信心，也讓人期待接下來的發展。

物流共享，陪伴無價

問起好蝦甜鑫的下一步，阿正提到十年在家鄉蹲點經營所見，認為農漁村發展的限制是人流與物流。農漁民生產的農漁貨，不走盤商及農漁會收購系統的通路，就只能依靠大型物流公司，讓貨得以送到消費者手上。但在今年疫情的推波助瀾下，物流塞車、假日無法送貨等問題，更提高出貨難度；另一方面，台灣的農漁村有許多人是週間在北部上班，假日返鄉探望家人，這樣的北漂族、假日父母，已是一種常態。而這兩種人流與物流

LOCAL NOTE

【成立年份】
2011年
（2015年成立公司）

【團隊成員】
5位正職夥伴、
6～8位兼職夥伴

【成員分工】
智慧養殖、廚房、包裝、物流、電商、研發，透過工作輪調讓夥伴熟悉生產流程

【主要業務】
蝦產業鏈一條龍，從好蝦養殖、二級加工、好蝦餐桌，再透過好蝦民宿，及地方內容整合成六級化地方體驗產業

【收入來源】
電商70%、
現場銷售30%

問題，正好讓他激盪出「地方物流士」的想法。

這概念其實是參考「外送平台」的機制，物流士在返鄉探望家人期間收單，收假回程時，再將農漁貨送往消費者手上。比照貨運回頭車的概念，物流士本來就要回北部上班，以增加額外收入作為誘因，順便運送地方物產，讓北漂族、旅外族可以經常返鄉探親，同時也解決物流假日無法送貨的囧境。

藉由勞動力流動的過程，也許真的能間接解決城鄉長期的發展問題。那至於我們這種不跑不漂的土型人，也可以透過物流士的工作，配送地方物產拓展人際與地域關係網絡。期待不久的將來，屬於地方的物流系統建置完成，我也要在名片上增加「地方物流士」的頭銜。

短短一個下午的訪談，阿正就跟許多熱血故事的主角一樣，直率、真誠、行動力驚人且樂於分享，也讓我們感受到如品嚐海鮮之後的生猛活力。訪談過程中，三個小女孩的身影及聲音不斷穿梭，後來才意識到原來好蝦囧男社2.0，不單單是版本的提升，同時也是世代承襲，原來所謂的好蝦甜「鑫」，正是阿正的三個千「金」呀！

讓孩子們愛上家鄉的大人們

企劃、翻譯、文字—蔡奕屏
圖片提供—看見家鄉、i.club

日文「勝手」一詞，為自作主張之意，「勝手姊妹鄉」計畫即是無視政府官方之意願，擅自開創「姊妹都市」的鄉村版，媒合台日兩鄉、簽結友好締結合約，深化台日鄉村之共好，共創充滿希望與夢想的光明未來！

這次介紹台日兩個「努力讓孩子們愛上家鄉」的團體，來看看台灣和日本的大人們怎麼使出全力讓地方上的孩子們認識在地、愛上自己的家鄉。

i.club
勝手姊妹鄉
協定宣言書
台灣「看見家鄉」與日本「i.club」，
基於台日友好之愛與信賴，
為增進太平洋地區的共榮，
深化兩地之鄉村共好，
以共創宇宙間充滿希望與夢想的光明未來，
特此簽訂「勝手姊妹鄉」宣言。
台灣
看見家鄉
日本
一般社團法人i.club
30日
i.club
勝手に姊妹鄉
協定宣言書
台湾の「看見家鄉」と日本の「i.club」は、
日台友好の愛と信頼に基づき、
相互の交流を図り、太平洋地域の共同繁栄を目指し、
宇宙に夢と希望に満ちあふれた明るい未来を創造するため、
「勝手な姉妹鄉」を結ぶことを合意する。
台湾
看見家鄉
愛自遠者學習協會
日本
一般社団法人i.club
2021年 6月 30日

紀念品開箱 Unbox!

為了讓台日雙方團體認識彼此，線上會面前特別邀請兩方相互寄送紀念品。

台灣方
看見家鄉

「看見家鄉」計畫，是由中華民國愛自造者學習協會發起，在為期近一年的時間，帶領各鄉鎮的孩子們，透過空拍機及記錄影像，帶給國中小孩童另一個觀看家鄉的視野，並透過影片的拍攝與剪輯，述說家鄉獨特的喜怒哀樂。

【創立】2012年創立、2017正式成立
【組織規模】7名核心成員、百餘名志工

「蒔班魚」木工創作、貝殼畫
這些都是澎湖蒔裡國小孩子們手工製作的家鄉小物作品，有木雕課程製作的「蒔班魚」吉祥物、蒔裡沙灘撿拾的貝殼所製作的貝殼畫。這些帶著童趣的作品，在義賣會活動上都獲得許多好評！

看見家鄉燈箱
2020年開始，協會嘗試將小朋友的攝影作品商品化，因此選集了當年度孩子們拍攝的空拍照片，有屏東的漁港、台南的漁場、台東的山林等，製作了這款透過孩子眼睛看台灣的藝術燈箱。

澎湖特產
為了讓日本朋友品嚐台灣味，特別加碼澎湖特色海鮮醬、小管醬、魩仔魚。

日本方試吃代表｜小川桑
小管醬好適合當下酒菜啊！
啊～真想立刻來一瓶啤酒！

日本方
i.club

i.club是教育新創企業，透過創新的課程規劃，讓國、高中生能夠實際接觸地方上的人事物，以能認識家鄉、培養家鄉認同與驕傲為核心。此外更透過各種激發創意的工作坊與活動，培養學童們創意發想、以及具體實作的能力。

【創立】2012年創立、2015年法人化
【組織規模】6名成員（含正式社員、業務委託社員、計時人員）

創意發想教科書
i.club所研發的。

梅子胡椒
由傳統的梅子為發想原點，由茨城縣大成女中的同學所創造出「又酸又辣」的顛覆口味。非常推薦蘸燒烤或是火鍋吃！

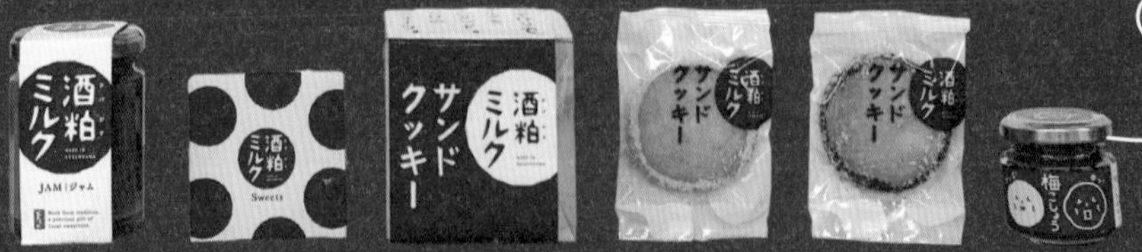

清酒酒糟餅乾、清酒酒糟牛奶醬
製作清酒時總是會生產許多「酒糟」，因而許多地方有著把酒糟入菜的鄉土料理。而這個創新的酒糟牛奶醬、酒糟餅乾，則來自氣仙沼市向洋高中同學的創意，以當地酒藏的酒糟，製作成有別於鄉土料理的創新點心。牛奶醬是五年前開發的商品，至今仍持續暢銷熱賣，是最成功的一個品項。

台灣方試吃代表｜蘇文鈺
牛奶醬太好吃了！我得立刻去拿片麵包抹來吃！

台灣方試吃代表｜蔡奕屏
牛奶醬超特別，像是「甘酒」的果醬版，有著微妙的清酒香！推薦給想要在早晨就來點「酒味」的朋友！

日本方試吃代表｜小川桑
這些商品都可以在氣仙沼當地的「道之驛（農產直販所）」、土產店，或是透過樂天的網路商店購買！不知道去哪裡買的話也可以找我！

Online Memo	時間	主持與翻譯	線上與談人
	2021年5月的晴朗早晨	姊妹鄉媒人 蔡奕屏	【台灣方】看見家鄉核心團隊 蘇文鈺、洪旭亮（阿亮校長） 黃律清（小黃老師）、藍淑芬 【日本方】i.club代表 小川悠（小川桑）

「看見家鄉」阿亮校長（以下簡稱◆）：大家好，要介紹「看見家鄉」這個計畫，我想先用「一生印記」這樣的主題來破題。為什麼會用這個主題呢，是因為家鄉是一個人出生的地方，也是會跟著自己一輩子的地方。因此要認識自己之前，應該要先認識自己的家鄉，這樣才能更知道自己是從何而來。

「i.club」小川桑（以下簡稱▬）：

♥（以愛心記號表示十分同意）

◆：愛自造者協會（PTWA）的成立緣由是在2012年理事長蘇文鈺教授的個人出資、於2016年正式成立，隔年2017年啟動「看見家鄉」計畫。補充一下，除了「看見家鄉」之外，協會還有其他教小朋友寫程式的「TTT」計畫、由寫程式課程衍生的「自走車大賽」、還有以特殊教育為主的「樂塾」計畫。

▬：好奇為什麼協會會啟動「看見家鄉」計畫呢？

◆：一開始是受齊柏林導演的「看見台灣」紀錄片啟發，因此就發想，有沒有可能讓孩子們透過空拍機以不同視野重新看自己的家鄉，拍出屬於自己家鄉的紀錄片。另外一方面就是，未來是一個「說故事」的時代，因此希望在孩子們小的時候就能夠教他們拍攝、剪輯，讓他們培養用影像說故事的能力。

姊妹鄉媒人蔡奕屏（以下簡稱媒）：計畫已經推動四年了，是嗎？

◆：對的，目前這四年間一共走訪了23個台灣地方、培育了1000多位小小導演和小小空拍手、動員了120多位志工、總共進行了超過4200小時的課程實作。

■：哇！非常好奇這段期間有沒有發生什麼印象深刻的事呢？

◆：有的，有非常非常多，我舉一個我們跟台南一個國小合作的小故事。當地的小朋友透過紀錄片的拍攝，認識了當地陣頭的「白鶴陣」文化，其中有個有亞斯伯格症的小男生，原本以前常和其他小朋友吵架，但因為活動中有非常多口語表達、說故事的練習，沒有經過幾個月，他變得能和同學好好的對話，也和當地介紹白鶴陣文化的里長相處得很好，老師們都覺得非常驚訝與感動。

還有很多是，原本討厭去上學的孩子，開始愛上去學校；以及原本對自己家鄉的產業沒有自信、不知道怎麼介紹的小朋友，因為拍影片的練習，開始變得非常有自信、驕傲的跟許多人介紹自己從哪裡來。看見家鄉的YouTube頻道裡有非常多小朋友自己拍的影片，真的歡迎大家可以看看小導演們對自己家鄉那樣侃侃而談的畫面。

■：有的、有的，我之前有看，雖然不懂中文，但還是能感受到那樣的熱情！想詢問的是，「看見家鄉」是以國中小學生為主，不知道有沒有想過也針對高中生舉辦類似活動呢？像是可以舉辦一個高中生的拍攝家鄉影片徵件大賽等？

◆：真是心有靈犀，我們其實正在策劃影片徵件大賽，預計今年要推出。另外想補充的是，最近開始有一些曾經參加過營隊的孩子們，長大之後回來擔任隊輔，所以雖然對象是國小生為主，但也有許多大學生的加入喔！

■：好棒。那接下來換我也介紹一下i.club在做的事。i.club是我在2012年成立的團體，我們的中心目標是「打造一個每個人都可以樹立自己的旗幟的社會」。

我創立i.club的契機，來自於就讀東京大學的時候接觸了i.school（類似史丹佛大學的d.school）的教育，以及後來2011年的311大地震，我開始因為志工活動到了日本許多地方，

至於i.club都在做些什麼呢，我們不是學校的老師，但我們和國高中的學校老師合作，一起設計激發學生創新提案的課程給學生。換句話說，我們是個開發與提供創新教育課程的團體，希望能創造地方上的各種創新活動。

舉例來說，像是我們帶著福島縣會津地區的同學們認識當地鄉土玩具「紅牛（赤ペコ）」的工藝技術，然後一同思索傳統工藝的未來；或是帶著同學們採訪地方的鰹魚加工職人，一起開發新的產品，像是最後開發出鰹魚辣油這樣的新產品。我覺得和看見家鄉團隊很相似的是，我們也覺得第一步是要讓孩童們「看見」地方上原本沒注意到的人事物，像是許多人都不知道原來身邊就有這樣厲害的鰹魚職人，因此我們就非常致力於創造讓學生們和這些地方上人事物「相遇」的機會。

◆：想問，這些提案都是怎麼商品化呢？

■：以國高中生們的提案為基礎，我們找來對這些想法和提案有興趣的合作組織，進行產品的開發，換句話說，商品化的階段是由「大人們」來做的，但是都是基於同學們的提案，因此也能夠說商品化的成果是由跨越世代的大家一起完成的。

◆：我們收到的禮品也都是嗎？

■：沒錯。其實商品化的產品真的不少，但我特意挑了其中最有人氣的幾樣給大家。像是宮城縣氣仙沼的酒糟牛奶醬，就是裡面最為暢銷的商品，這是五前年開發的，到現在都還能夠持續販售，真的非常厲害。

◆：其實我們身為一個NPO組織，會非常好奇有關經費的問題，不知道i.club的經費都是？

■：有關商業模式的部分，是這樣的，以和地方學校合作的創新課程為例來說的話共有三個部分，一是比較有經費的私立學校，就是學校和我們購買創新課程；二是沒有經費的公立學校的話，我們就受地方政府委託，提供創新課程給公立學校；三是課程最後商品化的產品，也是屬於i.club，因此產品的販售也是收益來源的一環。

媒：最近因為疫情的關係，台灣也正在摸索各種線上化活動的可能性，因此想請小川桑多介紹一下目前在推動的線上活動「Innovation Go」。

■：好的，沒問題。因為受去年疫情爆發的影響，移動變得困難，走訪地方的機會也跟著驟降，但我們開始思考，有沒有可能是透過一個平台，讓中學生只要有一台手機，就有「探索未知地方」的冒險機會，因此就出現了這個「innovation Go」的計畫。這個計畫分為兩個部分，一個是紅色的「Find Course」，目的是讓中學生們在「線上走訪各地」的過程中，尋找自己有興趣的領域或主題；而藍色的「Make Course」則是進化版，讓中學生發現興趣之後，將自己的想法進行概念化與精化、並進而發表。

◆：實際是怎麼操作的呢？

■：去年年底這個計畫第一次試行，「Find Course」有來自全日本自北海道到沖繩共有十個地點的地方夥伴支持，每個地點舉辦三小時的線上活動，一小時針對地方夥伴的線上訪談、一小時是激發想法的線上工作坊、最後一小時是和所有參與者共享想法的分享會。而「Make Course」則是利用敝社所開發的學習單，讓中學生們利用手機的填答過程中來統整想法、將想法具體化，並且最後在線上發表會上跟大家分享。

媒：因為疫情而有了這樣的新計畫真的非常棒！

■：也是因為「Innovation Go」，我們感受到手機這個載體的更多可能性。以前我們比較專注在特定區域的單點活動，但我們現在發現，除了自己的所在地之外，也可以透過科技來連接不同的地區，因此我們未來也希望能夠朝向這兩個方向努力。

今年年末，我們將舉辦第二屆的「Innovation Go」，而我的夢想是希望未來「Innovation Go」不只限於在日本，而有可能邀請台灣、亞洲、甚至是世界的其他地區和朋友一起加入。

媒：歡迎對「Innovation Go」有興

趣的朋友，可以跟小川桑聯繫喔！

◆：謝謝小川桑的分享，真的非常精彩、也有許多收穫和啟發！但有一個非常好奇的問題，就是日本的高中生們不會都要忙著準備考試嗎？

▭：這真的是一個很好的問題，沒錯，日本的高中生們普遍都是「為了升學考試而學習（受驗勉強）」，所以這些考試以外的活動參與度相對不高，但其實近年來日本正在推行教育改革，明年開始日本所有的高中都將開設必修的「探索學習（探究学習）」課程，而這些像是去做志工、課外活動的課程，未來將能夠成為升學申請時的採計學分。

◆：台灣也有類似的變革，像是未來高中生申請大學時也將採納「多元學習」課程的參考資料或是成績。

▭：讚！我記得十年前剛開始推動i.club的時候，大家都不太把我們當作一回事，但是現在就有越來越多學校開始找上我們，而就參與人數來說，每年的高中生參與人數也是逐步增加中。

會後悄悄話

「看見家鄉」代表｜蘇文鈺

有幸在疫情緊繃的時刻，與日本的i.club透過視訊認識彼此。在視訊前交換了紀念品，我們致贈的是過去幾年孩子們的作品以及家鄉特產，i.club的禮物是經由高中生的多元課程與當地產業合作開發的商品。不管紀念品是什麼，都不是最重要的，重要的是兩個團隊希望帶給成長中的孩子們一點「什麼」，希望這個「什麼」會成為孩子們成長的力量。

目前，看見家鄉仍以募款的方式艱苦經營，而i.club已經找到一個永續經營的方式，這對我們是莫大的鼓舞。希望在疫情過後，可以到日本去拜訪，也歡迎i.club的成員來台灣玩。

i.club代表｜小川悠

我們對地方、對孩子們，有著同樣的想法。

當跨越海峽、從台灣的朋友口中聽到，在台灣有許多孩子每天只在家和學校之間往返，因而少了許多和地方的連結，而因為缺少深刻的連結，也就無法培養對於地方的愛與自信，為此，台灣的朋友開始了「看見家鄉」計畫。這一段話讓我回想起十年前成立i.club的理由。

沒想到，在台灣也有這麼致力於創造孩子和地方連結的團體！在線上會過程中，和有著想法與行動的朋友，能有如此的跨海交流，真的是一段充滿喜悅和希望的時刻！

地味手帖〔07〕

野孩基地——長出地方的歸屬感

主編 —— 董淨瑋
編輯顧問 —— 林承毅
封面設計 —— 廖韡
內頁設計 —— 海流設計

社長 —— 郭重興
發行人暨出版總監 —— 曾大福
出版 —— 裏路文化有限公司
發行 —— 遠足文化事業股份有限公司
地址 —— 新北市新店區民權路108-3號8樓
電話 —— 02-2218-1417
傳真 —— 02-2218-8057
Email —— service@bookrep.com.tw
客服專線 —— 0800-221-029

法律顧問 —— 華洋國際專利商標事務所 蘇文生律師
印刷 —— 凱林彩印股份有限公司
初版 —— 2021年8月
定價 —— 380元

Printed in Taiwan

野孩基地：長出地方的歸屬感/董淨瑋主編. -- 初版. –
新北市：裏路文化有限公司出版：遠足文化事業股份有限公司發行, 2021.08
面； 公分. -- (地味手帖；7)
ISBN 978-986-98980-7-2 (平裝)
541.307 110011931